ARCHITEKTEN VON GERKAN, MARG UND PARTNER
COSTRUIRE IN ITALIA – ESPERIENZE 1996–2023

Architekten von Gerkan, Marg und Partner

Costruire in Italia

Esperienze 1996–2023

 PARK BOOKS

a cura di
SEBASTIAN REDECKE
VOLKWIN MARG

INDICE

6	CONVERSAZIONE DI SEBASTIAN REDECKE CON VOLKWIN MARG E CLEMENS KUSCH ESPERIENZE
18	CAPITOLO 1 / FIERE
22	GLI INIZI SULL'ADRIATICO NUOVA FIERA DI RIMINI
54	Fiera di Milano
60	Fiera di Verona
62	Fiera di Bologna
64	Fiera di Vicenza
66	CAPITOLO 2 / TRASPORTI
70	UN NOME IMPORTANTE AEROPORTO RAFFAELLO SANZIO, ANCONA-FALCONARA
94	Stazione ferroviaria Fiera di Rimini
96	Stazione ferroviaria di Firenze
98	Stazione ferroviaria Susa International
100	CAPITOLO 3 / SANITÀ
104	SENZA LA PARENTESI OSPEDALE BORGO TRENTO, VERONA
128	Ospedale di Bergamo
130	Ospedale di Fermo
132	Ospedale di Sesto San Giovanni, Milano
134	CAPITOLO 4 / CONGRESSI
138	CONGRESSI IN CONCHIGLIA PALACONGRESSI DI RIMINI
164	Centro congressi EUR di Roma
168	Centro espositivo e congressi di Arezzo
170	Centro congressi di Bologna
172	CAPITOLO 5 / SPORT
176	IL FUTURO DELL'ALTO ADIGE STADIO DRUSO DI BOLZANO
196	Stadio di calcio, Siena
198	Stadio Friuli di Udine
200	Palazzetto del ghiaccio di Brunico
202	Stadio Artemio Franchi di Firenze
206	CAPITOLO 6 / INDUSTRIA
210	DAL TABACCO AL THINK TANK TECNOPOLO DI BOLOGNA
236	CAPITOLO 7 / CULTURA
240	RIGOLETTO SOTTO LA PIOGGIA ARENA DI VERONA
260	SPECIFICHE DEL PROGETTO
269	CURRICULUM VITAE
271	CREDITS

6 COSTRUIRE IN ITALIA – ESPERIENZE

Prototipo della pensilina ferroviaria,
Biennale Architettura di Venezia, 1996

CONVERSAZIONE DI SEBASTIAN REDECKE
CON VOLKWIN MARG E CLEMENS KUSCH

Esperienze

SR: Signor Marg, che ricordo ha del suo primo viaggio in Italia?

VM: È stata l'avventura di due sprovveduti. Nel 1958 un compagno di studi di Berlino mi chiese di accompagnarlo, a bordo di un Messerschmitt Cabin Scooter a tre ruote, in un viaggio non-stop fino a Rimini per andare a trovare la sua ragazza che faceva la cameriera. Era il mio primo viaggio lungo e durò poco più di un fine settimana: un'avventura tra Alpi e nastri di asfalto senza alcuna sensibilità e conoscenza nei confronti della storia dell'architettura.

Solo quattro decenni più tardi ebbi modo di aprire gli occhi, proprio a Rimini. A proposito di quel viaggio, l'unica cosa che oggi mi viene in mente è che chi non sa niente, non vede niente.

CK: Nel 1997 io e Volkwin Marg ci recammo insieme a Rimini dopo che gmp aveva inaspettatamente vinto la gara per la realizzazione della Nuova Fiera. Ci eravamo conosciuti un anno prima alla VI Biennale di Venezia di Architettura dove lui, con i suoi partner e con il mio contributo, aveva allestito alla Giudecca la mostra programmatica "Il Rinascimento delle stazioni ferroviarie – La città del XXI secolo".

VM: La mostra era promossa da Deutsche Bahn insieme all'Associazione degli architetti tedeschi (BDA) e al Förderverein Deutsches Architektur Zentrum. Lo scopo era quello di sensibilizzare l'opinione pubblica sul tema della valorizzazione e del recupero delle stazioni ferroviarie in stato di degrado e delle aree abbandonate che le circondavano. Per attirare l'attenzione sulla mostra, allestita all'interno di un vecchio magazzino, per il giorno dell'inaugurazione decidemmo di trainare un prototipo su un pontone galleggiante lungo il Canale della Giudecca. Si trattava di un segmento della pensilina che avevamo progettato per la banchina ferroviaria dell'Intercity.

CK: Di lì a poco avvenne il primo incontro con il Presidente della Fiera di Rimini, Lorenzo Cagnoni. In precedenza, in molti ci avevano messo in guardia dall'accettare un incarico di progettazione in Italia. Tuttavia

Nuova Fiera di Lipsia

eravamo determinati a rimanere ottimisti: chi non risica non rosica. Dopotutto Volkwin Marg aveva già vinto il concorso per il complesso della Fiera di Lipsia e con il completamento nel 1996 aveva tagliato il traguardo con assoluta precisione in termini di scadenze e costi.

VM: Tuttavia, non si trattava di un concorso di architettura, ma di una gara di progettazione, e per di più bandita secondo una procedura sconosciuta in Germania. Invece di un'offerta negoziata, eravamo stati invitati a presentare un'offerta che indicasse uno sconto sull'importo dell'onorario prefissato. All'epoca fu proprio Kusch a suggerire che, se avessimo voluto avere qualche opportunità sul mercato italiano, non dovevamo sottrarci a quella procedura. Prima di quel giorno non avevo mai sentito parlare di questa modalità di aggiudicazione, applicata per di più a servizi di progettazione. In pratica tutti gli studi di architettura in gara dovevano solo dichiarare il ribasso che erano disposti

a concedere. In termini di qualità della capacità progettuale, le referenze che derivavano dalla realizzazione della Fiera di Lipsia erano ovviamente sufficienti. Decidemmo quindi di fare un'offerta che azzerasse completamente le spese accessorie. Fu in realtà una mossa molto azzardata considerando la distanza di oltre mille chilometri che divideva il nostro ufficio di Amburgo dal cantiere di Rimini.

CK: Fu alquanto rischioso lasciarsi coinvolgere in un meccanismo di quel genere. Ma Volkwin Marg volle correre il rischio e inserì un bello "zero" nella casella delle spese accessorie, anche se avremmo potuto scrivere qualsiasi altra cifra. Naturalmente per la selezione ebbero un ruolo fondamentale anche le referenze, ovvero i progetti fieristici già realizzati, che naturalmente deponevano a favore di gmp. Tuttavia c'era anche un altro concorrente, il noto O. M. Ungers, che poteva contare su referenze altrettanto valide. La procedura di assegnazione era rigorosamente regolata da un sistema a punti e fu una delle prime gare assegnate seguendo le nuove linee guida di livello europeo.

VM: Io sono favorevole alla competizione nel campo della progettazione, non nel campo degli onorari. Tuttavia fummo semplicemente fortunati. Come già detto, chi non risica non rosica!

CK: Comprendemmo subito che il Presidente della Fiera, Lorenzo Cagnoni, aveva scelto il sistema a punti perché voleva rendere la procedura il più possibile oggettiva e inattaccabile in modo da tutelarsi da eventuali ricorsi legali o politici. Si batté molto affinché lo studio di architettura che avesse vinto la gara a punti potesse poi realizzare anche il progetto, pure nell'ipotesi che si trattasse di uno studio tedesco che non aveva mai realizzato qualcosa in Italia. Per essere assistiti nella progettazione tecnologica ci assicurammo subito la collaborazione di ingegneri italiani che godevano di ottima reputazione e in questo modo riuscimmo a giungere molto rapidamente alla fase del progetto esecutivo.

VM: Non avevo alcuna idea del livello della cultura progettuale e costruttiva in Italia e, in un certo senso, fu un incontro davvero fortunato. Inizialmente, per il nostro committente e per i colleghi italiani eravamo gli stranieri venuti dall'estremo nord che, se non sanno cucinare bene, almeno sono collaborativi e puntuali.

CK: Sì, avevamo quest'immagine, ma dal piacere della sfida architettonica nacque un'amichevole collaborazione con il committente.

VM: A Rimini ci confrontammo immediatamente con il Piano Regolatore del 1994 elaborato dal celebre Leonardo Benevolo – che fino a quel momento conoscevo solo come storico dell'architettura – e con un progetto sperimentale di Vittorio Gregotti che riguardava la fattibilità di una fiera. Ma il lotto era in realtà troppo stretto e il progetto davvero poco funzionale: la Fiera consisteva in un padiglione lungo quanto lo spazio di un telo da mare adiacente alla linea ferroviaria. Una foresta di pilastri doveva sostenere la copertura su cui era collocato il parcheggio per le auto dei visitatori.

Fortunatamente, a Lipsia avevamo imparato bene la lezione in materia di funzionamento pratico di una fiera. L'aspetto più importante è dato dalla libertà dai pilastri e dalla flessibilità che garantisce la contemporaneità cronologica o l'avvicendamento di più fiere, più o meno grandi, possibilmente tutte su un unico livello, senza rampe, scale, ascensori, nastri trasportatori. Questo è ciò che rende felici organizzatori e visitatori, e fa risparmiare un sacco di tempo e di denaro.

E poiché il cliente è sovrano, deve sentirsi tale anche durante la sua visita, preferibilmente alla luce del giorno. Quindi ci applicammo allo studio del Genius Loci, della storia e del paesaggio del luogo. Rimini era una città romana che, nonostante sia stata distrutta all'80% durante la Seconda Guerra Mondiale, conserva ancora molte tracce architettoniche di quel periodo. L'ordine geometrico romano ha rappresentato una fonte d'ispirazione fondamentale, insieme a tutti i suoi attributi architettonici: volte, colonne, atri, torri, acqua, fontane. Le volte a botte sono servite da modello per le coperture in legno dei padiglioni. Anche l'architettura locale, con i suoi pavimenti in ceramica color pastello, tra i caratteristici filari di pioppi e pini lungo le strade, ha fatto la sua parte.

CK: Una particolarità del nostro progetto era data dalla modularità dei padiglioni, che potevano essere realizzati in diverse fasi. L'idea fu molto convincente poiché non era ancora noto il budget a disposizione per completare l'opera. I riferimenti alla cultura architettonica italiana citati da Volkwin Marg incontrarono un grande consenso. Il progetto non fu percepito come un'architettura d'importazione e collocabile ovunque, ma come un intervento chiaramente correlato al sito. Per illustrare bene questo concetto nelle presentazioni, Volkwin Marg amava citare il detto tedesco "Portare nottole ad Atene". Mi vergognavo ogni volta che dovevo tradurlo in italiano perché nessuno avrebbe potuto comprenderne la traduzione letterale. Quindi ricorrevo spesso e volentieri a qualche giro di parole.

SR: Nel racconto della realizzazione della Fiera di Rimini continua a comparire il nome di Lorenzo Cagnoni, con il quale lei si intese molto bene e che non ebbe solo un ruolo centrale in veste di committente. Infatti all'incarico della Fiera seguì quello per la realizzazione del Palacongressi, il centro congressi sorto sull'area della vecchia Fiera di Rimini.

VM: Il Presidente è stato un committente gentiluomo e raffinato che apprezzava la semplicità e che ha avuto sempre un occhio di riguardo per la qualità dello spazio architettonico con la dovuta attenzione per la sobrietà. Con la costruzione della Nuova Fiera ai limiti dell'area urbana si pose il problema di cosa fare della vecchia sede. Il Presidente aveva colto il nostro entusiasmo durante il primo progetto, per cui ci chiese suggerimenti anche su quest'argomento: fiere e congressi sono facce della stessa medaglia. Oltre alle sale per convegni, che erano indispensabili all'interno della Nuova Fiera, il vecchio sito offriva l'opportunità di creare un grande centro congressi autonomo da mettere al servizio della città e del settore alberghiero locale per tutto l'anno. Per puro entusiasmo portammo immediatamente alcune proposte. Il Presidente rimase colpito e il rapporto di fiducia condusse all'incarico successivo: lo sviluppo del Palacongressi come opera di complemento alla Fiera per consentire la realizzazione di eventi simultanei di grandi e piccole dimensioni. Questa volta con riferimento all'altro Genius Loci, quello del mare, e con il linguaggio formale più adatto, quello della conchiglia e della perla.

CK: Il bello è questo rapporto di fiducia e rispetto reciproco sulla base del quale si è sviluppata un'amicizia, senza che Lorenzo Cagnoni e Volkwin Marg sapessero parlare una lingua comune. Uno non parla inglese e l'altro non parla italiano e io ho sempre dovuto mediare. In italiano esistono due termini, interprete e traduttore, e devo ammettere che tendevo a "interpretare" piuttosto che a tradurre tutti i concetti parola per parola. Mentre lo facevo, cercavo sempre di immaginare la reazione che avrei suscitato.

SR: Non avevate a che fare solo con il committente, ma anche con numerosi progettisti specializzati e studi italiani. Come ci siete riusciti?

VM: In Italia ho sperimentato una bellissima cultura della progettazione: arringhe appassionate, pathos retorico, e ciononostante deduzioni razionali, generosi accordi e la nobile capacità di risolvere i conflitti irrisolti seduti insieme a tavola.

I nostri partner di progetto – Favero & Milan (progetto strutturale), Studio TI (impianti) e Andreas Kipar di Studio LAND (architettura del paesaggio) – hanno mostrato grandissima disponibilità a sviluppare le soluzioni insieme.

Gli studi di progettazione italiani hanno collaborato in modo professionalmente più fluido e, fin da principio, molto dettagliato rispetto a quanto fossi abituato in Germania. La collaborazione è stata più facile e serena, e anche con le imprese in cantiere abbiamo sempre trovato un accordo senza perdere la leggerezza.

In Italia l'architetto è tenuto più in considerazione che in Germania, e ho conosciuto una cultura aziendale molto diversa da quella tedesca. Durante la costruzione della Fiera di Lipsia l'atmosfera all'interno dell'ufficio del cantiere diventava a volte come quella di un canile, rissosa e rumorosa. In Italia, invece, nonostante le dichiarazioni drammatiche, ho sperimentato una relativa pacatezza anche negli scambi più accesi. L'ho trovato fantastico.

SR: Non tutti i progetti italiani hanno avuto lo stesso successo: avete incontrato anche grandi delusioni, come nel caso della copertura dell'Arena di Verona. Avete vinto il primo premio del concorso con un progetto che è stato molto apprezzato; poi non ha avuto alcun seguito. Quale è il motivo?

VM: Il progetto ha rappresentato una provocazione in due sensi. Ho capito le ragioni del desiderio di avere una copertura perché io stesso ho già sperimentato lo sgombero del pubblico dell'Arena a causa di un temporale. Il nostro progetto era tecnicamente e architettonicamente spettacolare. Non è nato solo grazie a noi, bensì dalla collaborazione con gli ingegneri di schlaich bergermann partner (sbp), con i quali cooperiamo da decenni sul tema delle strutture a membrana e delle coperture mobili. Volevamo semplicemente mostrare quello che era possibile realizzare.

Mi immaginavo naturalmente che la messa in opera avrebbe scatenato un teatro politico, con tanto di tuoni artificiali e successiva aria pesante carica di umidità. La nostra proposta era al limite della fattibilità tecnica, e non solo per il sistema di chiusura mobile a ventaglio, che in quella forma non si era ancora mai visto – gli ingegneri di sbp sono i più grandi specialisti al mondo per le strutture funicolari e a membrana e ce l'avrebbero fatta comunque. Il vero rischio era e rimaneva l'inevitabile interferenza con la consistenza monumentale dell'antica Arena e gli infiniti dibattiti che ne sarebbero sicuramente derivati. Il progetto fu rapidamente abbandonato con questo pretesto. Aveva fornito lo scenario per l'autopromozione politica di qualcuno, mentre architetti e ingegneri avevano fatto incredibili piroette per il semplice desiderio di creare *l'art pour l'art*.

CK: Dubito che l'amministrazione comunale abbia mai creduto davvero nella serietà del progetto.

VM: Però abbiamo avuto anche delusioni del tutto inaspettate! Ad esempio, nel concorso per la realizzazione di un nuovo ospedale nei pressi di Milano, quello basato sul Masterplan estremamente convincente di Renzo Piano. In quell'occasione, il nostro progetto fu escluso dalla gara perché il nostro committente era stato filmato mentre consegnava presumibilmente una tangente. Quella volta decidemmo di non partecipare più a gare che coinvolgessero imprese in Italia. Ma alla fine, se l'incarico progettuale si rivela interessante, si torna volentieri sui propri passi.

SR: Lei ha partecipato anche al concorso del 1998 per il Centro congressi dell'EUR a Roma, costruito in epoca fascista.

VM: Con grande entusiasmo. Sono profondamente colpito dall'architettura razionalista del quartiere in cui doveva sorgere il nuovo Centro congressi. Per noi era evidente che il nostro progetto dovesse inserirsi architettonicamente nel complesso esistente senza disturbare l'austerità del contesto. Ma anche in quel caso il progetto non portò a nulla. È un peccato perché, al tempo della sensazionalità stilistica, anche a Roma la continuità culturale fa fatica a ricevere le dovute attenzioni. Abbiamo sperimentato delusioni pure con qualche altro progetto che non è stato portato a termine, come per esempio la piccola Fiera della gioielleria di Arezzo o il grande ospedale di Verona, dove nel 2010 siamo riusciti a completare solo il blocco delle degenze che apparteneva al primo stralcio. L'edificio si erge ancora oggi come un busto solitario al centro di un complesso incompleto.

SR: La seconda fase non è ancora stata realizzata?

VM: Purtroppo no. L'ospedale consisteva originariamente in un complesso di padiglioni sparsi con un bell'edificio d'accesso. L'area centrale riempita di costruzioni doveva essere via via liberata. Abbiamo individuato la possibilità di dare uno sviluppo alla struttura originale. Come già detto, con il primo stralcio abbiamo realizzato il grande edificio principale situato all'estremità del complesso. Il secondo stralcio avrebbe dovuto realizzare i reparti di terapia intensiva, collocandoli di fronte alla nuova costruzione in posizione ribassata e illuminandoli attraverso le corti, insieme ai parcheggi. Il tutto da ricavare sotto la superficie di un meraviglioso parco con giochi d'acqua e lasciando al loro posto i padiglioni esistenti lungo il perimetro. Avremmo ottenuto un complesso ospedaliero centralizzato e ben articolato con il nuovo parallelepipedo dell'edificio principale a fare da sfondo. Con nostro grande disappunto è stato realizzato solo l'edificio principale con annesso il Pronto Soccorso. Tutto il resto è rimasto al suo posto così com'era. Le idee di architettura e la loro evoluzione hanno bisogno che l'interesse sia duraturo per poter crescere. A partire dal periodo del sistema a padiglioni, la sostenibilità culturale è caduta nel dimenticatoio, soprattutto nel campo dell'architettura ospedaliera.

CK: Volkwin Marg abbozzò lo schema del progetto sul retro del biglietto d'aereo subito dopo aver completato il primo sopralluogo a Verona. Durante la fase concorsuale avevamo già collaborato con un architetto di Verona specializzato in strutture ospedaliere,

13 CONVERSAZIONE CON VOLKWIN MARG E CLEMENS KUSCH

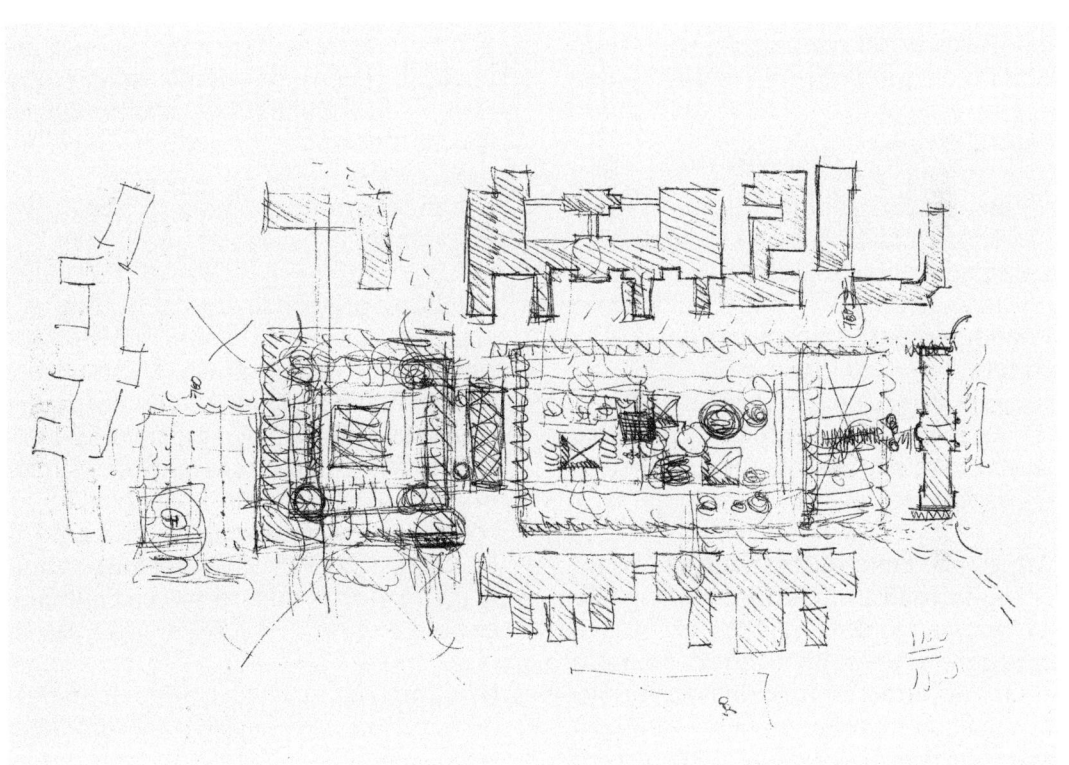

Ospedale Borgo Trento, Verona,
bozza disegnata a mano da Volkwin Marg

di grande esperienza e con ottime conoscenze. Ma in seguito a un cambio di interlocutori all'interno dell'amministrazione cittadina e della direzione sanitaria è stato tutto dimenticato. Il progetto non è più andato avanti, i nostri appelli e solleciti sono caduti nel vuoto.

SR: Tuttavia, i tanti anni di attività in Italia sono costellati anche di colpi di fortuna e successi. Come nel caso della vittoria, avvenuta nel 2012, al concorso per il Tecnopolo di Bologna, ovvero la riconversione dell'ex Manifattura Tabacchi vicino alla Fiera, originariamente progettata da Pier Luigi Nervi. Cosa l'ha particolarmente colpita quando è andato a vedere sul posto le costruzioni di Nervi?

VM: Già da studente di architettura, Nervi era per me un costruttore affascinante e ispirato, che univa in una sola persona arte ingegneristica e arte architettonica. Non era interessato al Moderno formalista e ideologizzato, ma alla naturale unità tra struttura, funzione e forma. Si pensi al Palazzetto dello Sport di Roma o all'Hangar di Orbetello. Al contrario, il fabbricato industriale della Manifattura appare decisamente modesto dall'esterno ma, una volta entrati, si rimane abbagliati dalla filigrana dei gusci voltati o dei solai piani. Ci siamo posti l'obiettivo di lasciare intatta e visibile la qualità delle costruzioni industriali di Nervi e di renderle agibili attraverso interventi di modesta portata. La Soprintendenza collabora, anche quando i promotori del progetto hanno idee proprie per il complesso del Tecnopolo, com'è giusto che sia. Purtroppo, nonostante tutta la buona volontà, il progetto si trascina ormai da anni. Almeno, in questo momento, il Centro europeo per le previsioni meteorologiche a medio termine sta per trasferirsi nei padiglioni voltati e presto sarà seguito anche dal centro di calcolo di CINECA-INFN. Spero sinceramente che non accada di nuovo che un intero progetto si interrompa a metà strada e che l'allestimento finale del complesso monumentale di Nervi rimanga incompiuto.

CK: La Soprintendenza Archeologia, Belle arti e Paesaggio della città metropolitana di Bologna è rimasta molto soddisfatta della sensibilità e del rispetto che noi, in quanto studio straniero, abbiamo mostrato nei confronti dell'architettura di Nervi. I progetti di Zaha Hadid, OMA e degli altri concorrenti non avevano messo in primo piano la conservazione dell'essenza monumentale nella stessa misura in cui l'abbiamo fatto noi.

VM: Come ho già avuto modo di dire, l'opera di Nervi mi affascina per la spiccata e particolare precisione della formula costruttiva e per l'eleganza formale, anche nelle costruzioni a uso industriale. Se oggi ci spostiamo in autostrada lungo le aree industriali e commerciali di qualunque città italiana, siamo costretti a bendarci gli occhi a causa dell'analfabetismo architettonico, oserei dire estremo, e questo nonostante l'Italia sia la patria dell'architettura europea! Per alcuni progetti abbiamo dovuto confrontarci con siti orribili: attualmente, per esempio, con la ristrutturazione interna della Fiera dell'oreficeria di Vicenza. Proprio Vicenza, mio Dio, la città di Palladio, e poi ti imbatti in una landa industriale di una desolazione assoluta!

CK: Tuttavia, durante i viaggi che facciamo insieme in Italia ci capita continuamente di incontrare anche costruzioni di grande qualità architettonica realizzate nel XX secolo, soprattutto nel periodo prebellico. Un esempio su tutti è la stazione di testa di Firenze di Giovanni Michelucci e Italo Gamberini. Devo inoltre ammettere che anche nelle città italiane più piccole è stata realizzata tanta buona architettura: molto convincente anche dal punto di vista urbanistico, sopratutto prima della Seconda Guerra Mondiale.

VM: È vero, le perle costruite negli ultimi cento anni sono numerose, ma sono per lo più nascoste in una vastità povera di bellezza. È una considerazione che vale per tutta Europa. Le perle nuove si fanno sempre più rare.

SR: Quali sono i grandi progetti italiani che ha seguito con particolare attenzione?

VM: Mi sono molto interessato al piano delle nuove linee e stazioni ferroviarie. Ho riposto grandi aspettative nello sviluppo della ferrovia ad alta velocità lungo tutta la penisola. Mi ha spaventato la brutalità della realizzazione dei tracciati. In seguito ai promettenti concorsi internazionali per le grandi stazioni, è arrivato lo sconforto nel vedere che degli ambiziosi progetti che la giuria aveva selezionato non è stato realizzato quasi nulla. In buona sostanza, al grande slancio politico è seguito un buco nell'acqua altrettanto grande. Basta citare il progetto Belfiore di Firenze: Foster + Partners ha vinto il concorso nel 2002 con un bellissimo progetto. Poi non è successo più niente.

Mi consolo sempre ammirando il meraviglioso patrimonio storico-architettonico italiano che, a differenza di quanto accaduto in Germania, è rimasto in larga parte intatto e viene tutelato, in modo particolare, all'interno del perimetro dei centri storici. Ho toccato con mano questa realtà anche a Rimini, che dalla guerra è uscita veramente devastata e dove la memoria della cultura del passato si manifesta solo a tratti.

SR: Verso la fine della Seconda Guerra Mondiale Rimini fu in gran parte distrutta e nel maggio 1945 vennero internati sulla spiaggia circa 150.000 soldati tedeschi. Solo 15 anni più tardi Rimini seppe trasformarsi improvvisamente nella località di villeggiatura dei teutonici nell'era del miracolo economico...

VM: Beh, erano abituati alle rovine e al territorio raso al suolo. Sarebbe inconcepibile se città come Firenze, Siena, Verona o Roma fossero state distrutte come è avvenuto per le città tedesche. Il turista attuale preferisce ignorare la maggior parte della spazzatura architettonica che si accumula in Europa e ama poggiarsi sul messaggio culturale che giunge dal passato.

SR: L'Italia eredita una storia architettonica che è ricchissima fin dall'antichità. Ma c'è un'altra Italia, che sa essere estremamente brutale. Anche in Germania abbiamo ereditato dal dopoguerra in poi una serie di situazioni architettoniche e urbanistiche completamente fallimentari intorno e dentro la città, ma in Italia, data la ricchezza del patrimonio storico, colpisce soprattutto la pianificazione sbagliata delle periferie e delle zone industriali.

CK: In Italia, fino agli anni Cinquanta, regnava ancora una cultura costruttiva particolare.

In seguito, la speculazione immobiliare ha preso il sopravvento e sono state cementificate ampie porzioni di territorio agricolo. D'altra parte, i centri storici di città storiche come Bologna, Firenze o Venezia sono stati risparmiati. Ha prevalso sempre la tendenza a versare colate di cemento sulle periferie ed è successo proprio così.

VM: Credo tuttavia che, come pure in Germania, quello che è avvenuto non sia solo una conseguenza della crescita. Anche durante il periodo immediatamente successivo all'unificazione tedesca dell'Ottocento si sono verificate speculazioni ed espansioni impetuose. Ma in entrambe le nazioni, durante il XX secolo, ha preso piede anche una devastazione culturale rivoluzionaria, soprattutto mentale, che ha generato un antagonismo schizofrenico tra tradizione e progresso. L'ignoranza e l'arroganza sono andate di pari passo con la confusione ideologica. In Germania la situazione è stata aggravata dal fatto che molte città erano state non solo completamente distrutte, ma anche ulteriormente demolite in fase di ricostruzione. È quello che è in un certo senso avvenuto nella città anseatica di Danzica, il luogo della mia infanzia. Ma i polacchi hanno almeno ricostruito il centro storico, così come hanno fatto con Varsavia, la capitale ridotta completamente in macerie.

L'architettura e l'urbanistica sono arti di frontiera e relazione politica e lo sono anche rispetto al rapporto tra passato e futuro. Negli anni Cinquanta e Sessanta ho sperimentato una formazione architettonico-culturale che, sia a est che a ovest, disdegnava il passato e si alimentava di una fede cieca nel futuro. È stato disprezzato e considerato reazionario il concetto secondo cui la tradizione è un progresso collaudato e il progresso è la continuazione della tradizione. Eppure tutta la cultura, anche e soprattutto quella architettonica, è una sintesi di passato e presente in vista del futuro, e lo è per tutte le generazioni.

CK: Credo che in Italia le università abbiano avuto una corresponsabilità nello sviluppo di questa tendenza. Ho studiato a Venezia e si percepiva un certo atteggiamento elitario. Progettavamo in modo molto distaccato e non ci si "sporcava le mani" con l'architettura vera degli investitori e degli speculatori immobiliari. È il sistema più rapido per rinunciare alla propria capacità di influire sulle cose.

SR: Signor Marg, lei e il suo gruppo elaborate progetti per l'Italia da oltre 25 anni. Ce n'è qualcuno in particolare che avrebbe visto volentieri realizzato?

VM: Le ciliegine sulla torta. Per esempio, la ristrutturazione e l'ampliamento dell'affascinante stadio di Firenze di Pier Luigi Nervi, oggetto di un concorso nel 2021. In realtà l'impianto sportivo per l'atletica leggera di Nervi è inutilizzabile come stadio di calcio, perché non è adatto a contenere la spinta collettiva dell'intrattenimento commerciale come un calderone che comprime l'isteria di massa. Ma, per rispetto allo spirito sportivo del passato e a Pier Luigi Nervi, è stato estremamente stimolante conservare il monumento architettonico completamente visibile e collocarvi all'interno l'arena coperta che richiedeva il committente. Avevamo presentato il progetto confidando nel sostegno degli appassionati dell'opera di Nervi. Ma non è stato così. La

Cap. 5, p. 202

citazione, all'interno della nostra relazione di gara, di una frase pubblicamente nota sulla tutela dei monumenti è stata interpretata da qualcuno della giuria come una violazione dell'anonimato dell'autore e il nostro progetto non è stato preso in considerazione.

Mi sarebbe piaciuto anche portare a termine il nostro progetto per la Nuova Fiera di Milano, sviluppato nel 2002 per conto di Impregilo. Avevamo progettato i lunghi assi di collegamento sotto forma di gallerie coperte in vetro ispirandoci alla Galleria Vittorio Emanuele II, mentre la piazza centrale era dimensionata in base all'estensione di Piazza del Duomo. Il visitatore avrebbe passeggiato e si sarebbe soffermato al riparo dalla pioggia nelle gallerie rischiarate dalla luce naturale tra i padiglioni illuminati artificialmente. Per progettare la fiera più grande d'Europa ci eravamo ispirati alle esposizioni universali del XIX secolo. La mia visione è un'opera d'arte totale che nasce dalla sintesi di funzione, costruzione e architettura, includendo le arti figurative, come interpretazione del Genius Loci, in questo caso Milano. Purtroppo è rimasta una visione.

Tuttavia conservo un sogno che può ancora diventare realtà. Là dove è iniziata la nostra avventura italiana, cioè Rimini, verrà costruita la cupola più grande d'Europa su una sala circolare per grandi eventi nell'ambito del quarto stralcio di realizzazione della Fiera. Quasi 150 metri di diametro, più di 40 metri di altezza, con un oculo di 20 metri di diametro. Una volta in legno con una struttura nervata a rombi che è un omaggio a Nervi e soprattutto all'Italia, la terra che, con il Pantheon di Roma, è la madre dell'arte costruttiva delle cupole.

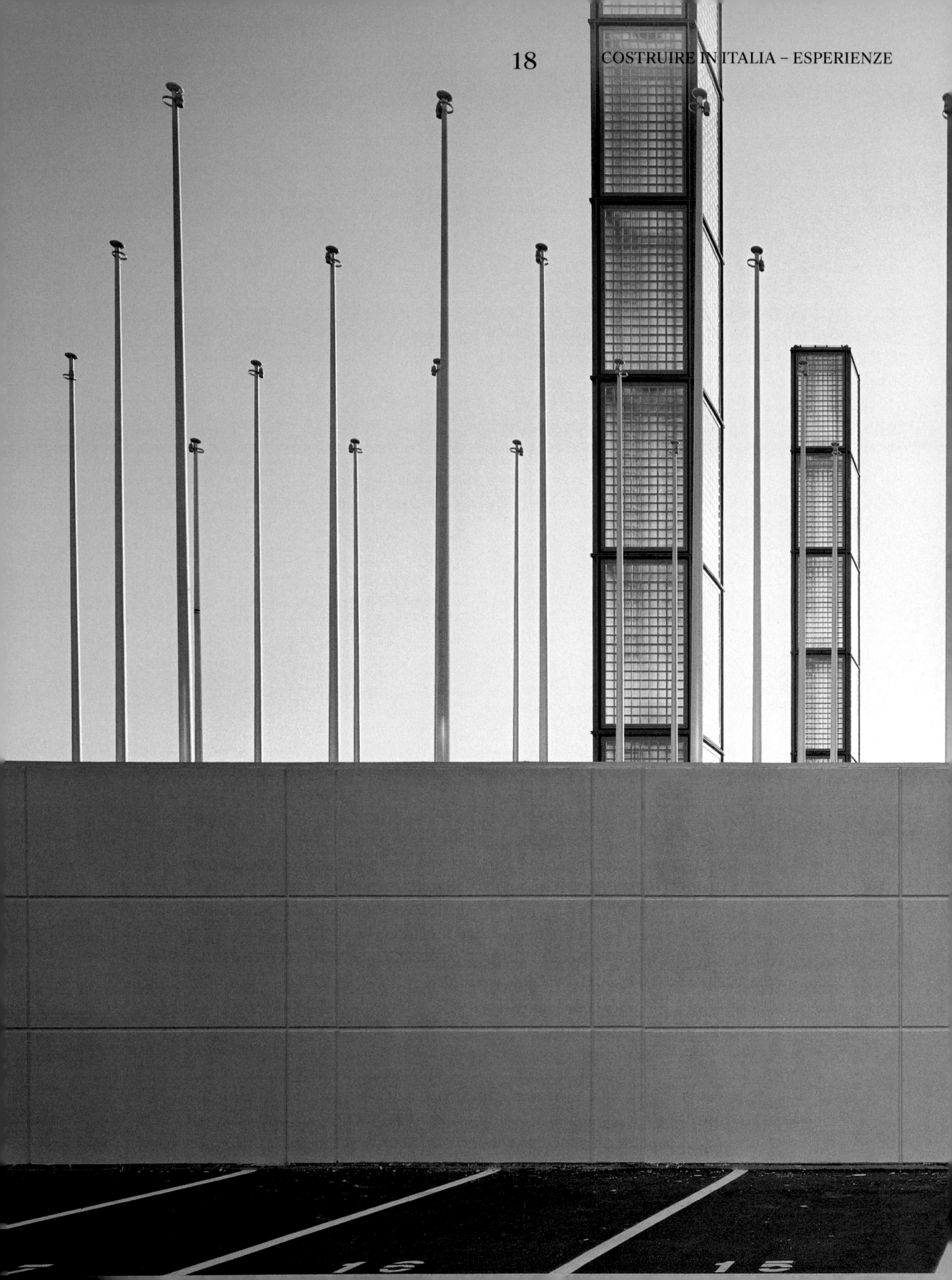

18 COSTRUIRE IN ITALIA – ESPERIENZE

19 CAPITOLO 1 / FIERE

I FIERE

CAPITOLO 1

Pagina 22   **NUOVA FIERA DI RIMINI**
Concorso: 1997 – 1° premio
Incarico diretto: 2017 / 3° ampliamento
Progetto: Volkwin Marg con
  Stephanie Joebsch / Yasemin Erkan
Periodo di costruzione: 1999–2001
  2004–2005 / 1° ampliamento
  2016 / 2° ampliamento

Pagina 54   **FIERA DI MILANO**
Concorso: 2002
Progetto: Volkwin Marg con Stephanie Joebsch
Non realizzato

Pagina 60   **FIERA DI VERONA**
Perizia: 2004, incarico padiglione 10/11
Progetto: Volkwin Marg con Yasemin Erkan
  e Robert Friedrichs
Periodo di costruzione: 2005–2007

Pagina 62   **FIERA DI BOLOGNA**
Studio di fattibilità: 2015
Progetto: Volkwin Marg con Robert Friedrichs
Non realizzato

Pagina 64   **FIERA DI VICENZA**
Incarico: 2018/2022
Progetto: Volkwin Marg con Robert Friedrichs
Inizio costruzione: 2023

004

I

GLI INIZI SULL'ADRIATICO

Nuova Fiera di Rimini

Rimini è un'esperienza inaspettata per gli appassionati di architettura quando si avviano verso il Tempio Malatestiano lasciandosi alle spalle l'infinito arenile con le sdraio accuratamente allineate: la spiaggia dei nostalgici ricordi di tutta la generazione Boomer. Verso la metà del primo Rinascimento, più di 550 anni fa, il condottiero Sigismondo Malatesta incaricò l'architetto, matematico e teorico dell'arte Leon Battista Alberti di trasformare la chiesa gotica di San Francesco, nel cuore della città, in un mausoleo per sé e per l'amata Isotta. Oltre alla facciata con il motivo dell'arco di trionfo e il timpano triangolare, l'Alberti progettò anche una cupola che avrebbe dovuto ricordare quella del Pantheon romano e che, però, non fu mai costruita. L'interno e la parte superiore della facciata del Tempio sono rimasti incompiuti.

Decido di lasciare la zona del Tempio, ricca di storia, su via IV Novembre e procedo in direzione nord-ovest. M'incammino lungo l'antico bacino del porto attraversando il Ponte di Tiberio, imbocco Viale Tiberio dopo aver superato il Marecchia – l'antico Ariminus che ha dato il nome alla città –, infine imbocco la vecchia Via Emilia, fiancheggiata da piccole attività commerciali, edifici residenziali e pini a ombrello, e la percorro fino alla seconda rotatoria.

Volgendo lo sguardo verso destra, scorgo la strada di accesso e l'ingresso principale del primo progetto realizzato in Italia da gmp: la nuova sede di Rimini Fiera. Ha aperto i battenti nel 2001 ed è strategicamente posizionata insieme all'omonima stazione ferroviaria – anch'essa progettata da gmp – sulla linea Milano–Bari che corre parallela alla Via Emilia ed è poco lontana dal casello dell'autostrada A14 che giunge da Bologna fino a Taranto.

Cap. 2, p. 94

Tempio Malatestiano

Progetto di Leon Battista Alberti

Mappa di Rimini, ca. 1580

008, pagina 25
Ingresso principale della
Fiera con tetrapilo
009, pagine 26–27
I colonnati uniscono i padiglioni
010, pagine 28–29
Foyer con fasce vetrate
laterali e lucernario

CAPITOLO 1 / FIERE

Avvio dei lavori il 3 giugno 1999. Da sinistra a destra:
Iginio Bonatti (Ente Fiera),
Ermanno Vichi (Provincia di Rimini),
Lorenzo Cagnoni (Rimini Fiera),
Giuseppe Chicci (Sindaco di Rimini),
Volkwin Marg

L'ufficio nei pressi
del cantiere

Le postazioni di lavoro

Volkwin Marg racconta con piacere e orgoglio le origini del progetto, di come si sia concretizzato e infine realizzato in tempi molto brevi: Rimini è stato un colpo di fortuna che ha goduto di collaborazioni basate sulla fiducia reciproca e soprattutto dell'appoggio di un committente risoluto che ha perseguito il progetto con grande vigore ed entusiasmo. Fino a quel momento era abbastanza difficile immaginare che venisse offerta a uno studio straniero l'occasione concreta di progettare un edificio di quella importanza che per giunta non avesse già realizzato altri progetti in Italia. E, cosa ancora più sorprendente, che sarebbero trascorsi solo tre anni dall'approvazione del permesso di costruire per vedere l'opera completata. Una premessa fondamentale per la buona riuscita della commessa fu l'adozione di procedure di concorso e di gara conformi ai regolamenti europei per l'assegnazione di incarichi di progettazione di opere pubbliche. Al momento della partecipazione al bando internazionale indetto da Rimini Fiera, nonostante avessimo presentato le migliori referenze, tra cui la Fiera di Lipsia, oltre a un'offerta di onorario adeguata, nessuno di noi avrebbe immaginato che l'avventura si sarebbe conclusa con la vittoria e l'assegnazione dell'incarico. Un avvenimento che suscitò scalpore anche tra gli studi di architettura italiani.

Incontrando a distanza di vent'anni Lorenzo Cagnoni, che è ancora a capo di Rimini Fiera e oggi anche Presidente di Italian Exhibition Group, si riconferma la sensazione di un periodo di collaborazione straordinariamente efficace e proficuo. Il committente dell'epoca si è sempre dimostrato disponibile nei confronti delle nuove impostazioni progettuali e oggi ricorda con piacere quegli intensi scambi tra la vivacità latina e la precisione teutonica. Ma anche la facilità con cui gmp – insieme agli altri progettisti specialisti – risolse la complessità di tutte le sfide tecnologiche che si presentarono

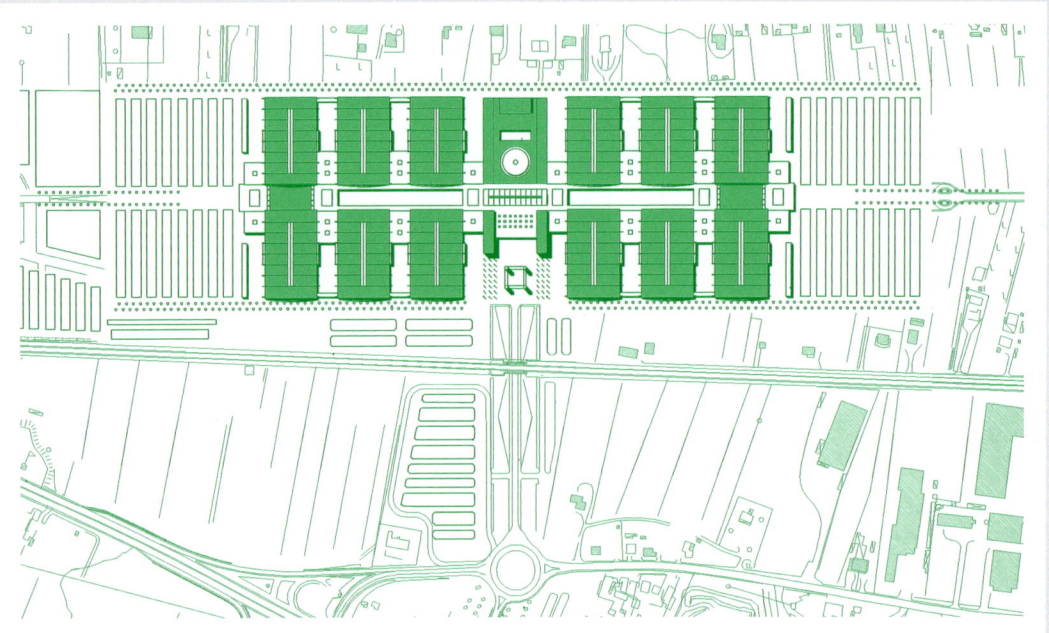

Planimetria, 2002

Planimetria ampliamento, 2016

Ampliamento ulteriore con cupola, 2018

Planimetria, 2018

018

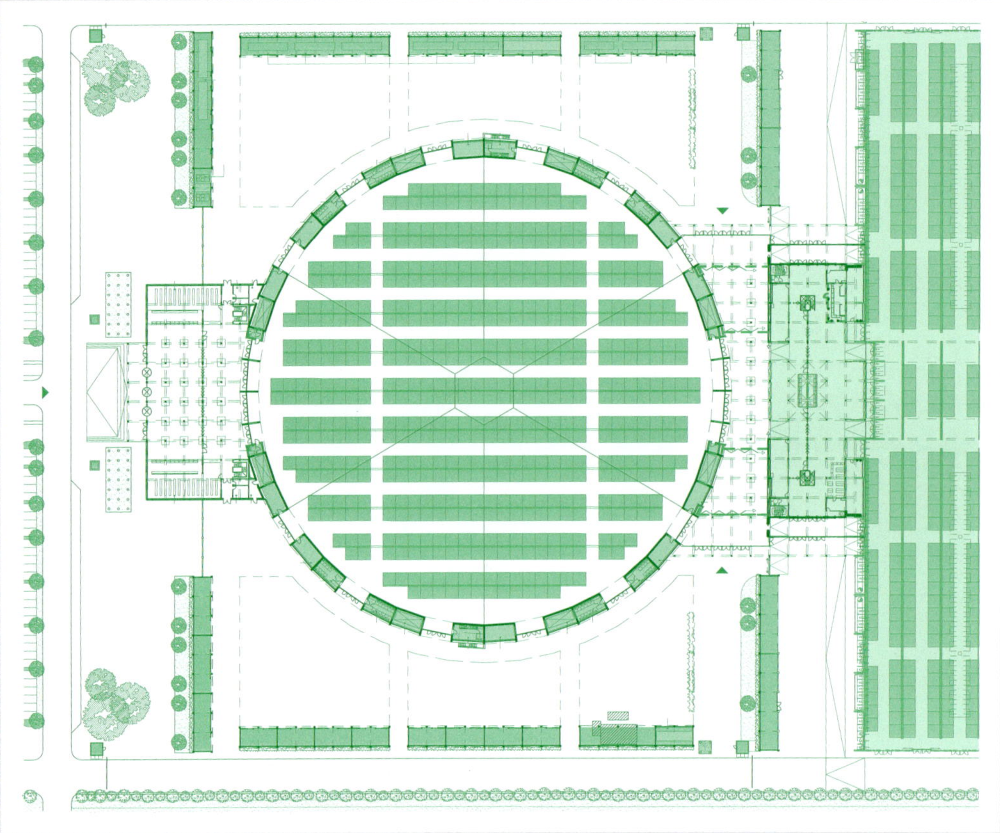

Padiglione a cupola, pianta del piano terra

019

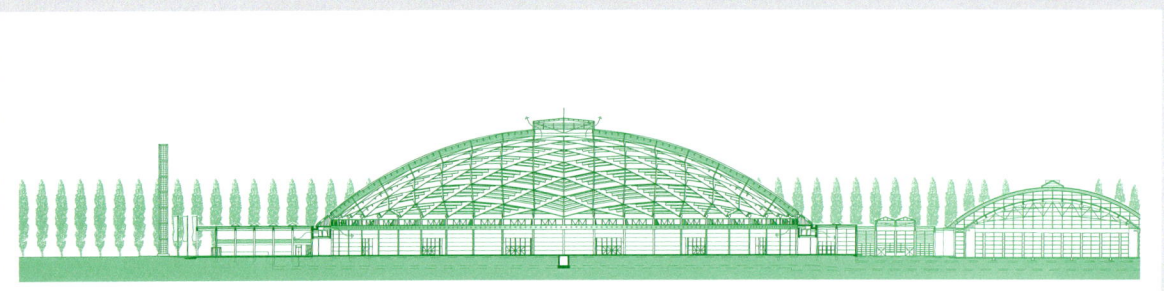

Padiglione a cupola, sezione

020

Modello della cupola

021, pagine 36–37
Vista interna della
sala a cupola
022, pagine 38–39
Vista esterna della
sala a cupola

durante ogni fase della progettazione e della realizzazione. In questo modo furono agevolmente superati anche gli innumerevoli ostacoli che un progetto di tali dimensioni porta immancabilmente con sé. gmp ha completato il secondo lotto del centro espositivo nel 2005 e il terzo nel 2016. Un ulteriore ampliamento con una grandiosa cupola è stato progettato tra il 2017 e il 2020 ma allo stato attuale non è stata ancora avviata la realizzazione.

Rimini aveva assolutamente bisogno di una nuova fiera, poiché il quartiere fieristico esistente, costruito negli anni Sessanta nelle immediate vicinanze del centro storico, non offriva alcuna possibilità di espansione. Il dibattito sull'opportunità di un nuovo quartiere e sulla sua migliore collocazione era stato lungo e travagliato, prendendo in esame diverse ubicazioni. L'area finalmente individuata venne regolamentata da un piano attuativo firmato da Leonardo Benevolo e successivamente fu presentato uno studio di fattibilità a firma dell'architetto Vittorio Gregotti. Il progetto non fu tuttavia valutato positivamente dalla direzione della Fiera, soprattutto a causa della scelta di disporre i parcheggi in copertura e per via del carattere ermetico dell'impianto architettonico. Nel 1997 fu indetta una gara europea per il quartiere da 189.000 metri quadrati di superficie utile, di cui 80.000 da destinare a padiglioni espositivi. Per partecipare era solamente necessario presentare referenze progettuali di edifici analoghi e un'offerta economica. Lo studio gmp si aggiudicò la gara.

Il piazzale della Fiera

024, pagina 41
Zona di ingresso
025, pagine 42–43
Foyer centrale
con rotonda

Il progetto – un'idea concettualmente semplice e modulare che prevedeva la disposizione di tutte le funzioni su un unico livello – è stato sviluppato rapidamente ed è stato realizzato in tempi brevissimi.

L'ingresso principale, posto al centro del complesso, è ben visibile da lontano con le quattro stele retroilluminate, chiaro riferimento al tetrapilo romano con quattro porte. Con le quattro torri luminose che si ergono agli angoli di uno specchio d'acqua di 32 × 32 metri, Volkwin Marg ha voluto rendere omaggio anche alle snelle torri medievali della vicina Bologna. Dietro le stele si erge il corpo centrale destinato ad accogliere alcune funzioni comuni come il foyer principale, il ristorante, la sala congressi e le strutture di servizio. I 16 padiglioni sono disposti simmetricamente su entrambi i lati del corpo centrale e sono accessibili attraverso colonnati che corrono lungo bacini d'acqua di forma allungata. I lunghi portici ombreggiati sono il luogo della sosta e del riposo. La disposizione a pettine dei padiglioni, immediatamente percepita, e i due ulteriori ingressi a est e ovest facilitano anche la suddivisione modulare degli spazi per un uso parziale dell'area o per utilizzi differenti e simultanei. Ogni padiglione misura 100 × 60 metri ed è privo di pilastri interni, in linea con i requisiti fondamentali degli spazi fieristici. La struttura portante delle coperture a volta ribassata è realizzata con travi in legno lamellare. Il progetto si ispira alle coperture lignee nervate sviluppate da Friedrich Zollinger all'inizio del XX secolo che, tuttavia, a Rimini sono state realizzate con luci maggiori e possibilità tecnologiche più avanzate. Dopo una consulenza iniziale fornita da Jörg Schlaich, il progetto strutturale è stato sviluppato insieme allo studio di ingegneria Favero & Milan,

026, pagina 44
Copertura del padiglione
con struttura Zollinger

che a sua volta vanta tra le proprie referenze la collaborazione con Renzo Piano.

I singoli segmenti di nervatura, che misurano 16 × 70 centimetri in sezione e 3,5 metri in lunghezza, sono uniti mediante lamiere d'acciaio e coprono i 60 metri di larghezza del padiglione originando una struttura reticolare di aste a formare elementi romboidali. *026* Le intersezioni dei nodi di ogni singola forma rombica sono distanti 6,25 metri in verticale e 3 metri in orizzontale. Di conseguenza, quattro campi romboidali coprono una distanza assiale di 12 metri. I padiglioni sono chiusi in testa da facciate in acciaio e vetro che, insieme alla fascia vetrata posta longitudinalmente lungo il colmo di ogni copertura, garantiscono una grande quantità di luce naturale. L'idea della luce naturale non era inizialmente ben vista dal committente ma è stata infine realizzata grazie alla capacità di persuasione di Volkwin Marg.

Il progetto è concettualmente impostato su assialità e simmetria che, combinate con la disposizione architettonica, soprattutto con l'idea del percorso centrale di collegamento, stabiliscono una forte relazione con la tradizione dell'architettura italiana. Nel progettare la copertura ad arco ribassato, Volkwin Marg e il suo gruppo di collaboratori si sono ispirati anche alla tipologia dei semplici capannoni in calcestruzzo armato per l'attività agricola e industriale che sono ampiamente diffusi in Italia. Per quanto riguarda la costruzione in legno, sono stati presi a modello anche i vecchi fienili in muratura con coperture in legno.

Una particolarità è costituita dalla cupola che corona l'ala centrale. *028* Va ricordato che anche il Tempio Malatestiano dell'Alberti prevedeva una cupola, che per quell'epoca sarebbe stata straordinaria. Nella Nuova Fiera di Rimini, ispirati dall'antico modello, è stata costruita una cupola contemporanea che, con un diametro di 30 metri, un'altezza al colmo di 22 metri e una struttura filigranata in legno appoggiata su un anello di acciaio, definisce un nuovo standard per le costruzioni di questo tipo. Le singole travi, che formano la struttura nervata secondo una geometria romboidale, si accorciano all'approssimarsi dell'apice della cupola. La luce penetra dall'alto attraverso un oculo vetrato. Sotto la cupola, racchiusa da una doppia fila di colonne circolari, si apre una piazza per gli eventi leggermente ribassata di alcuni gradini. *025* La pavimentazione è decorata con un motivo a fasce ricurve che rimanda geometricamente alla michelangiolesca Piazza del Campidoglio.

46 NUOVA FIERA DI RIMINI

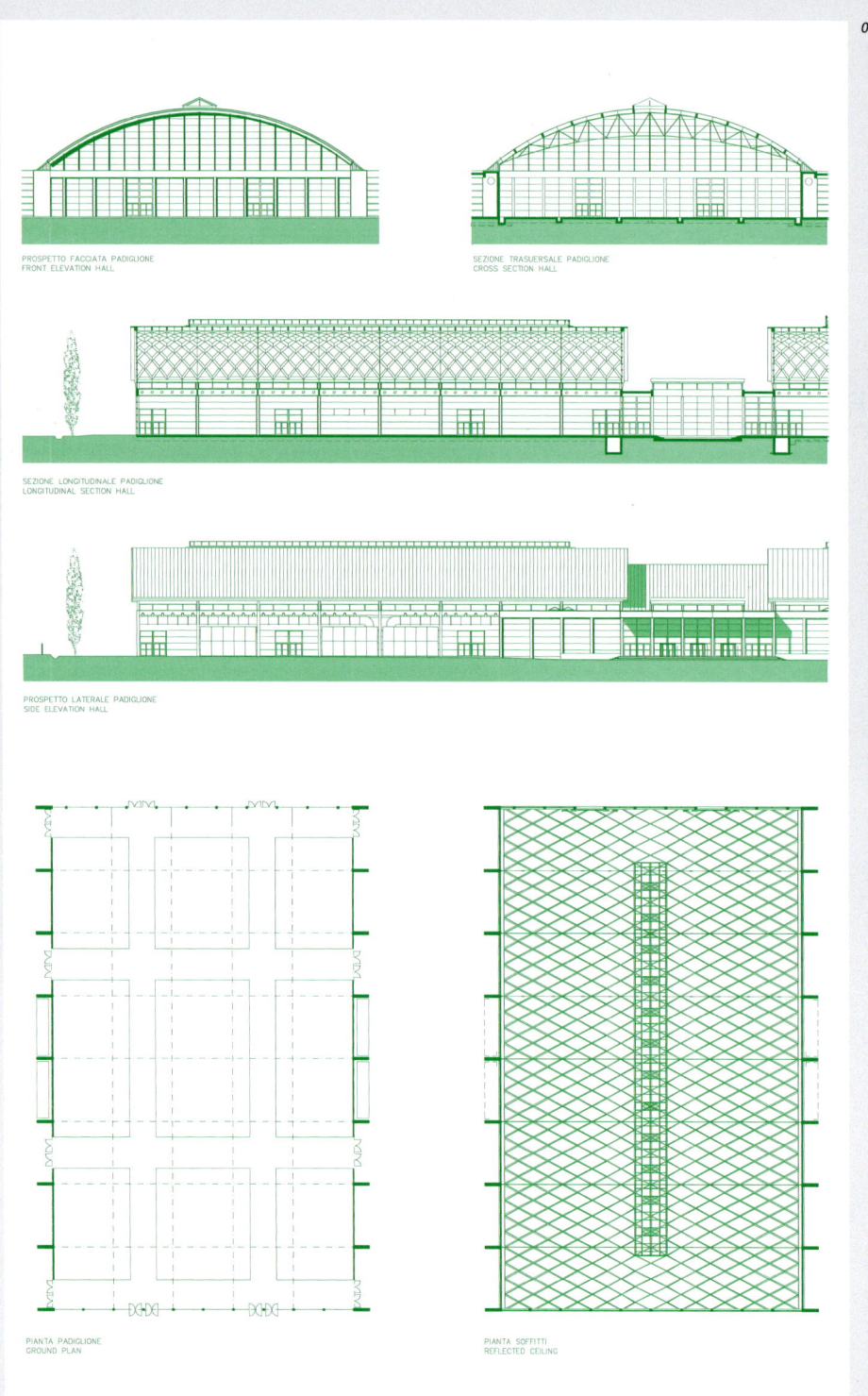

Viste, planimetria e pianta del soffitto

CAPITOLO 1 / FIERE

Sezione longitudinale e trasversale

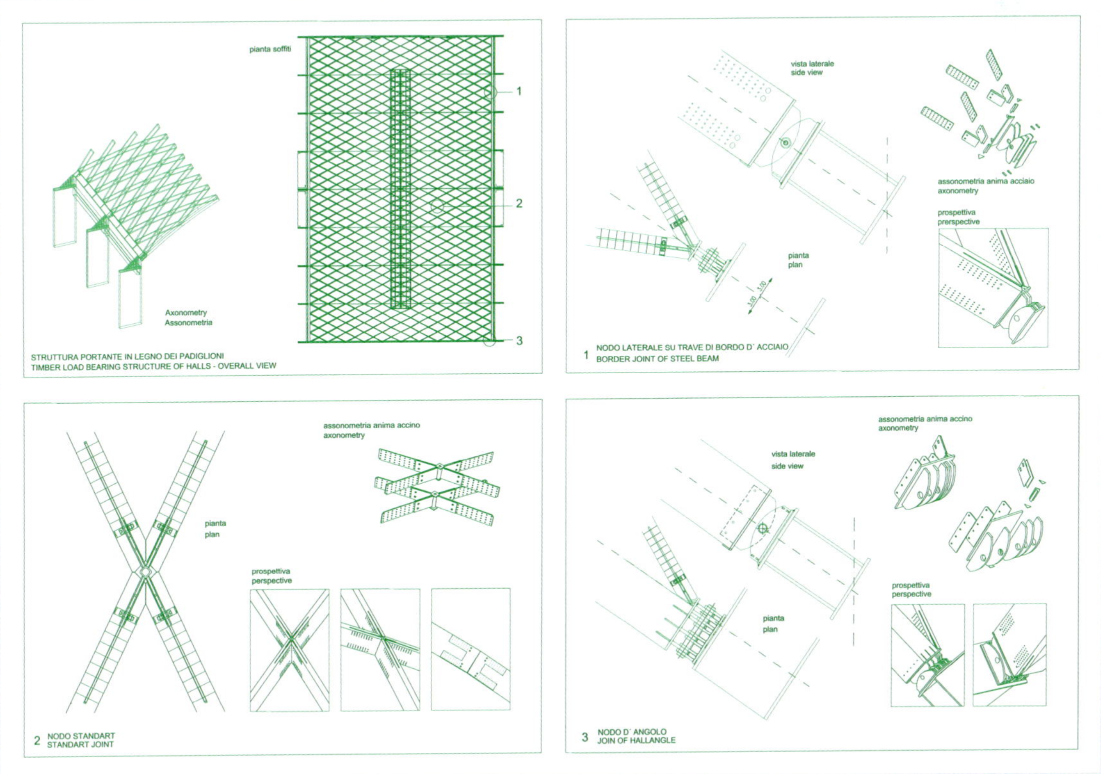

Dettagli strutturali delle coperture dei padiglioni

Dettaglio strutturale del nodo di collegamento

Montaggio della cupola

032, pagina 49
Interno della cupola

Palazzetto dello Sport
di Pier Luigi Nervi

Per quanto riguarda la realizzazione in legno della cupola, ma anche di tutte le altre coperture dei padiglioni, il confronto con l'impresa di costruzione è stato particolarmente difficile, soprattutto perché in quel momento l'Italia non aveva una normativa per le strutture in legno lamellare. Infine, lo studio Favero & Milan dimensionò il progetto strutturale basandosi sulle norme DIN. L'ufficio locale del Genio Civile si rifiutò di esaminarlo e il progetto dovette essere inoltrato presso la massima autorità centrale competente per gli edifici pubblici, il Consiglio Superiore dei Lavori Pubblici a Roma, che lo approvò in brevissimo tempo. L'entusiasmo fu enorme. Con la cupola abbiamo ottenuto un unicum di grande significato che ricorda l'eleganza del Palazzetto dello Sport di Pier Luigi Nervi e, insieme alle quattro stele luminose, conferisce all'intera zona della Fiera un carattere immediatamente riconoscibile.

034, pagina 51
Colonnati illuminati
035, pagine 52–53
**Strada di accesso alla Fiera
con stele luminose**

FIERA DI MILANO

Passaggi vetrati di collegamento tra i padiglioni

Il progetto del nuovo quartiere fieristico di Rho-Pero da realizzare nel quadrante nord di Milano è stato sviluppato nell'ambito del relativo appalto concorso. Come in una città di impianto romano, il piano prevedeva un asse principale, il Cardo, e uno secondario, il Decumano. Entrambi erano concepiti come gallerie coperte e vetrate disegnate sul modulo quadrato di 36×36 metri. La loro funzione era quella di facilitare l'orientamento e di collegare i singoli padiglioni con una superficie espositiva complessiva di 550.000 metri quadrati. In corrispondenza dell'incrocio tra i due assi si sviluppava un ampio atrio aperto, circondato da gallerie perimetrali, che costituisce la piazza di ritrovo baricentrica con una dimensione paragonabile a quella del volume centrale della basilica di San Pietro a Roma. Il progetto è un esempio di come forma e funzione interagiscono. Per sviluppare il sito della Fiera, gmp si è ispirato alla Galleria Vittorio Emanuele II che sorge nel centro di Milano. Realizzata verso la fine del XIX secolo, la galleria commerciale con la volta a botte vetrata e la cupola centrale funge da collegamento tra Piazza del Duomo e Piazza della Scala ed è considerata, insieme al Duomo, simbolo della città. Il quartiere della Fiera di Rho-Pero è stato infine realizzato da Massimiliano Fuksas.

Concorso: 2002
Progetto: Volkwin Marg con Stephanie Joebsch
Non realizzato

L'atrio con gallerie di vetro al centro dei padiglioni espositivi

FIERA DI MILANO

COSTRUIRE IN ITALIA – ESPERIENZE

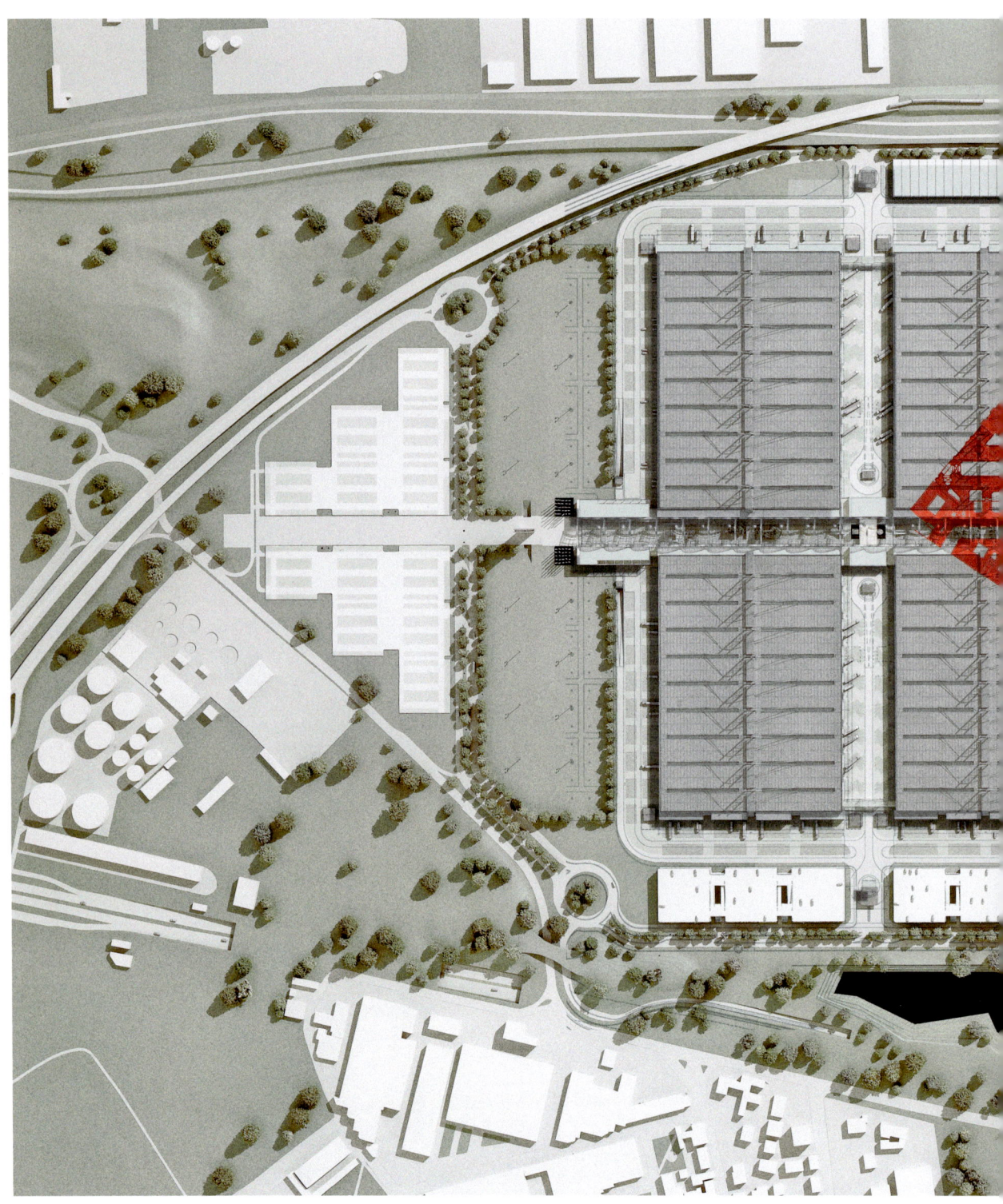

CAPITOLO 1 / FIERE

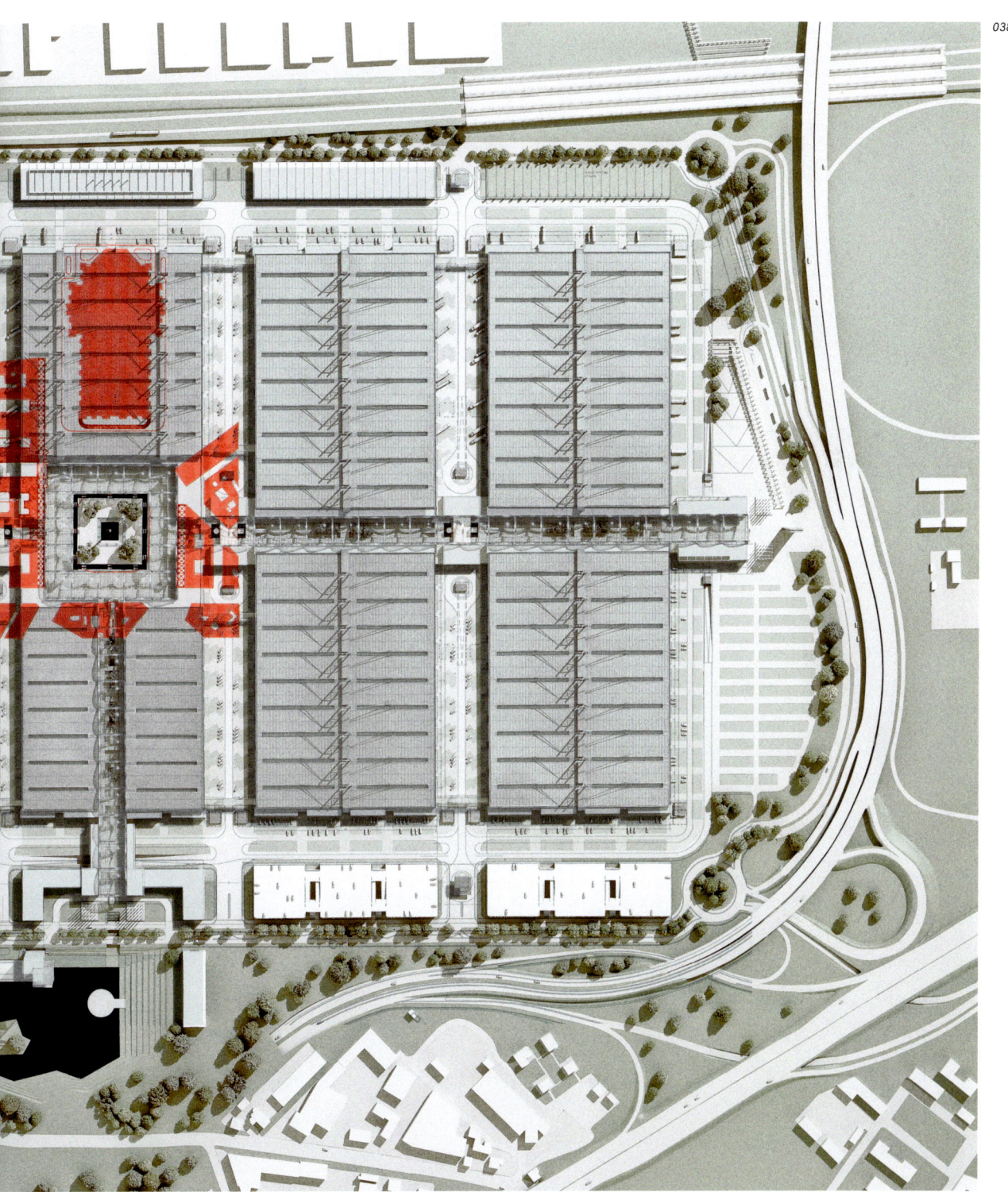

Uno dei nuovi edifici fieristici più grandi al mondo:
confronto dimensionale con Piazza del Duomo, Galleria Vittorio Emanuele II e cattedrale

Il cuore del complesso fieristico: l'atrio aperto

FIERA DI VERONA

Asse centrale di collegamento con spazi espositivi
per oggetti di grandi dimensioni

La consulenza per la Fiera di Verona, ubicata lungo la Via del Lavoro a sud del centro storico, era mirata a individuare le principali carenze dello stato di fatto, caratterizzato da un aspetto esterno di bassa qualità estetica e un'area d'ingresso inadeguata. Attraverso alcune proposte architettoniche doveva essere migliorato significativamente il funzionamento dell'impianto generale. Oltre agli interventi di adeguamento degli spazi di accesso in direzione del centro città, la ristrutturazione proponeva anche l'integrazione degli storici volumi realizzati negli anni Cinquanta sul lato opposto della strada, parte dell'ex Mercato Ortofrutticolo, oltre a un adeguato collegamento con la rete tramviaria. La ricerca della qualità architettonica ha tuttavia perso slancio con il passare del tempo e la committenza di Veronafiere ha rinunciato al coinvolgimento di gmp, con l'eccezione della realizzazione di alcuni padiglioni senza modificare l'impianto generale, lasciando che gli interventi edilizi si succedessero senza il necessario controllo da parte di una direzione artistico-architettonica. Il tema centrale dello studio, ossia l'organizzazione generale, l'accessibilità e la rivalutazione dell'immagine, non è stato affrontato; inoltre, sono stati demoliti alcuni dei padiglioni del mercato per fare spazio a nuove aree di parcheggio.

Perizia: 2004, incarico padiglione 10/11
Progetto: Volkwin Marg con Yasemin Erkan e Robert Friedrichs
Periodo di costruzione: 2005–2007

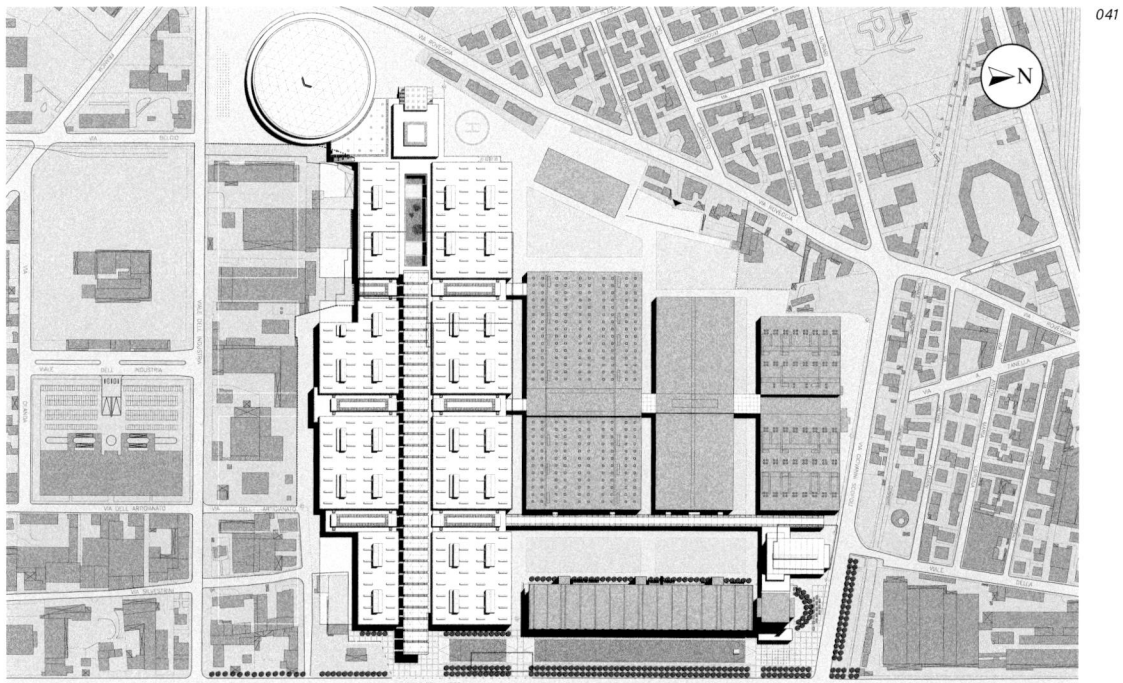

Planimetria con progetto di ampliamento

Uno dei padiglioni standard realizzati

FIERA DI BOLOGNA

Progetto di un nuovo ingresso centrale a nord

I padiglioni della Fiera di Bologna, a nord della città, sono stati progettati negli anni Sessanta da Leonardo Benevolo secondo uno schema a pale di mulino a vento che irradiano da un cardine distributivo centrale. Questo schema, cresciuto con l'aggiunta di padiglioni più grandi senza il riferimento di un piano generale di espansione, rende difficoltosa la visita organica e circolare di tutti gli spazi. Il compito consisteva nello sviluppo di una strategia progettuale che mantenesse inalterata la struttura di base, con i suoi assi principali di collegamento interno, e tuttavia consentisse un graduale ampliamento con l'aggiunta di oltre 200.000 metri quadrati di aree espositive. La difficoltà principale era rappresentata soprattutto dal superamento della strada di accesso settentrionale di Via Ondina Valla e della parallela linea ferroviaria che costituivano un limite fisico all'espansione verso nord. Il nuovo ingresso principale collocato in quella posizione è stato progettato per consentire il superamento della viabilità con un atrio a due piani che si collega direttamente al quartiere esistente. Un altro aspetto importante era la necessità di garantire un'accurata integrazione dell'ampliamento con il corridoio verde che in futuro lambirà l'area urbana di Bologna.

Studio di fattibilità: 2015
Progetto: Volkwin Marg con Robert Friedrichs
Non realizzato

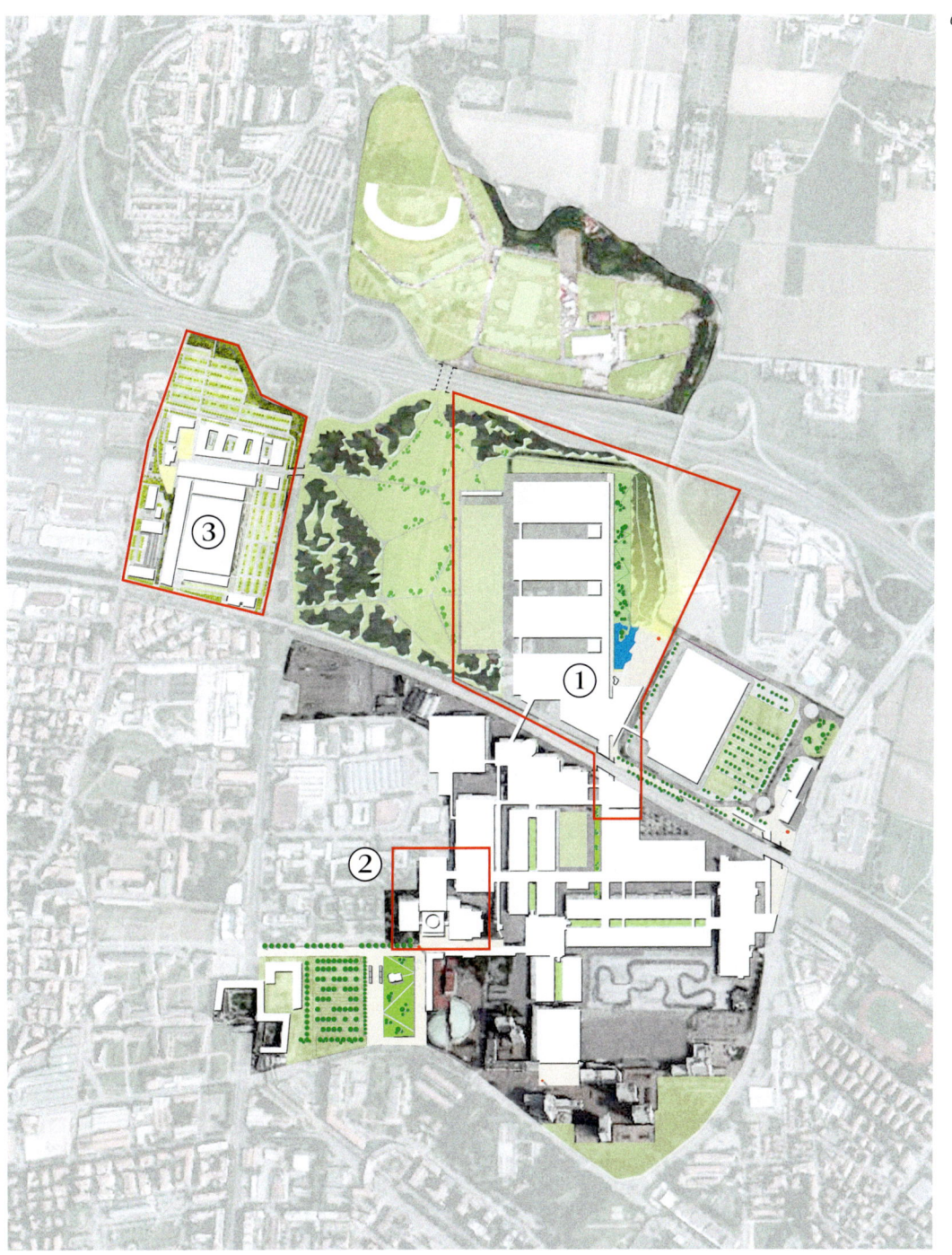

(1) Ampliamento della Fiera con nuovi padiglioni e nuovo ingresso a nord
(2) Centro fieristico e Centro congressi ampliato
(3) Progetto Tecnopolo di Bologna

FIERA DI VICENZA

Masterplan con nuovo padiglione centrale
e fronte principale riqualificato

Il quartiere espositivo di Vicenza è cresciuto in modo disordinato a partire dagli anni Settanta soprattutto per soddisfare le esigenze connesse alla Fiera dell'oreficeria. La città rappresenta infatti una delle sedi più rinomate per questo genere di esposizione specializzata. L'elemento centrale dell'impianto era originariamente costituito da un padiglione a forma di piramide a gradoni con un percorso a spirale che conduceva il visitatore verso l'alto costeggiando piccoli stand espositivi. Nel corso degli anni, intorno al padiglione sono stati aggiunti diversi annessi e ampliamenti che hanno dato vita a un insieme disordinato con carenze funzionali importanti. Con la fusione tra le società che gestivano la Fiera di Rimini e quella di Vicenza, avvenuta nel 2016, è nata la società IEG Italian Exhibition Group per la quale gmp ha sviluppato un Masterplan proponendo la trasformazione e la riqualificazione di tutto il sito con un orizzonte a lungo termine. Il padiglione centrale verrà sostituito con un nuovo volume espositivo di due piani mentre in una successiva fase è previsto un altro padiglione. Inoltre, sono previste la riorganizzazione e la riqualificazione dell'ingresso principale con la realizzazione di un nuovo spazio espositivo e l'apertura di un secondo ingresso all'estremità settentrionale del quartiere fieristico in prossimità della futura stazione ferroviaria.

Incarico: 2018/2022
Progetto: Volkwin Marg con Robert Friedrichs
Inizio costruzione: 2023

Padiglione centrale con soffitto a travi in legno e lucernari laterali

CAPITOLO 2

II
TRASPORTI

Pagina 70 **AEROPORTO RAFFAELLO SANZIO, ANCONA-FALCONARA**

Concorso: 1999 – 1° premio
Progetto: Volkwin Marg e Nikolaus Goetze
   con Marc Ziemons
Periodo di costruzione: 2002–2004

Pagina 94 **STAZIONE FERROVIARIA FIERA DI RIMINI**

Progetto: Volkwin Marg con Stephanie Joebsch
Periodo di costruzione: 2002–2004

Pagina 96 **STAZIONE FERROVIARIA DI FIRENZE**

Concorso: 2002 – 2° premio
Progetto: Volkwin Marg e Joachim Zais
Non realizzato

Pagina 98 **STAZIONE FERROVIARIA SUSA INTERNATIONAL**

Concorso: 2012 – 2° premio
Progetto: Volkwin Marg e Jürgen Hillmer
   con Robert Friedrichs
Non realizzato

AEROPORTO RAFFAELLO SANZIO,
ANCONA-FALCONARA

UN NOME IMPORTANTE

Aeroporto Raffaello Sanzio, Ancona-Falconara

Nel 1965, all'età di sette anni, ho vissuto una delle esperienze più formative della mia giovinezza. Ero in prima fila presso il cantiere navale di Ancona, accanto a un'enorme elica, per assistere al varo della petroliera "Esso Milano" che aveva una portata lorda di 71.400 tonnellate – in base alle mie ricerche attuali – e oggi sarebbe considerata una nave di modeste dimensioni. Ricordo l'urlo forte delle sirene del cantiere e delle altre navi, lo sblocco dei grandi scontri di legno, un signore in abiti solenni con il seguito – era l'arcivescovo – e il lubrificante verdastro sparso lungo la rampa. All'epoca il sito era liberamente accessibile alle migliaia di spettatori come noi che erano accorse per assistere al momento in cui il colosso d'acciaio avrebbe potuto finalmente galleggiare nel bacino del porto. Il cantiere esiste ancora ed è sempre al passo con i tempi: la scorsa estate è stata celebrata l'impostazione della chiglia della "Seven Seas Grandeur", una nave da crociera di lusso della compagnia di navigazione Regent Seven Seas Cruises.

La città di Ancona, centro portuale sull'Adriatico che conta 100.000 abitanti, va molto fiera non solo del prestigioso cantiere navale Fincantieri, ma anche dell'importante scalo marittimo per i collegamenti con la Croazia e la Grecia, oltre che della cattedrale di San Ciriaco sul colle Guasco, dove un tempo sorgeva un antico Tempio di Venere, alle spalle dei bacini di carenaggio.

Il capoluogo marchigiano dispone anche di un'altra infrastruttura che lo mette in collegamento con località remote: il piccolo Aeroporto Internazionale di Ancona, intitolato a uno dei grandi dell'arte italiana, Raffaello Sanzio – il pittore e architetto dell'Alto Rinascimento meglio noto in tutto il mondo come Raffaello.

Cantiere navale Fincantieri

Porto di Ancona

Nave da crociera nel porto

San Ciriaco sul colle Guasco

Inaugurato nel 1962, l'aeroporto commerciale dista 18 chilometri in direzione ovest dal centro della città, nei pressi della località di Castelferretti. Attualmente le partenze dei giorni feriali si contano sulle dita della mano. Sono solo nove: due voli per Monaco di Baviera o, in alternativa per Weeze nel Basso Reno, Charleroi, Londra, Cracovia e, verso sud, Trapani, Catania e Palermo.

I piani per la costruzione della nuova aerostazione erano alquanto ambiziosi e associati all'auspicio di un incremento dei collegamenti. Le previsioni parlavano di un flusso di 500.000 passeggeri all'anno da raggiungere nel giro di poco tempo e il nuovo edificio doveva essere dimensionato su quei numeri.

052, pagina 73
Spazio antistante al terminal arrivi
053, pagine 74–75
Occasione mancata: nuovi edifici aeroportuali senza un'area centrale per i passeggeri
054, pagine 76–77
Terminal arrivi con ritiro bagagli

74 AEROPORTO RAFFAELLO SANZIO, ANCONA-FALCONARA

AEROPORTO RAFFAELLO SANZIO, ANCONA-FALCONARA

AEROPORTO RAFFAELLO SANZIO, ANCONA-FALCONARA

055, pagina 78
Lato verso la pista dei padiglioni
del terminal senza passerelle

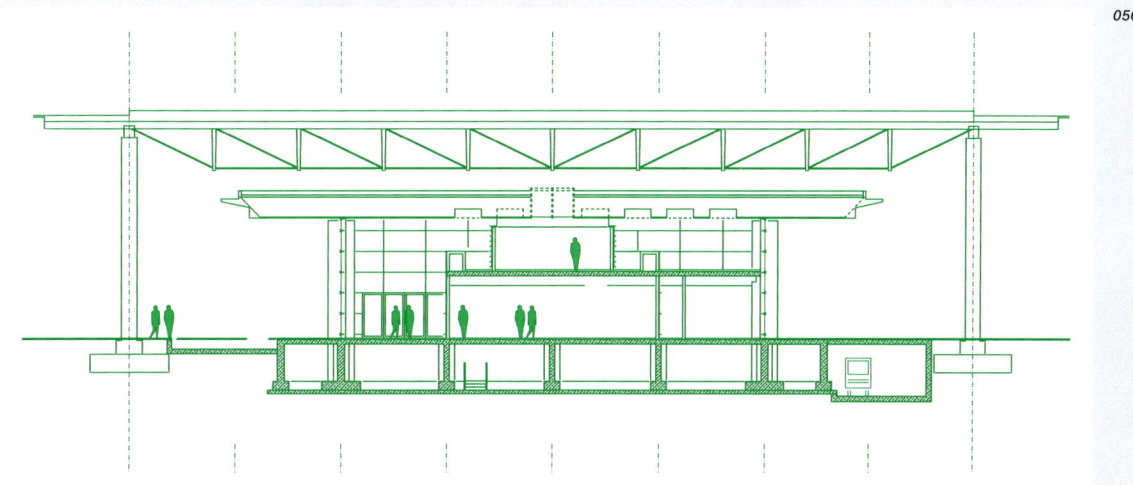

056

Sezione trasversale del padiglione A
con il volume funzionale

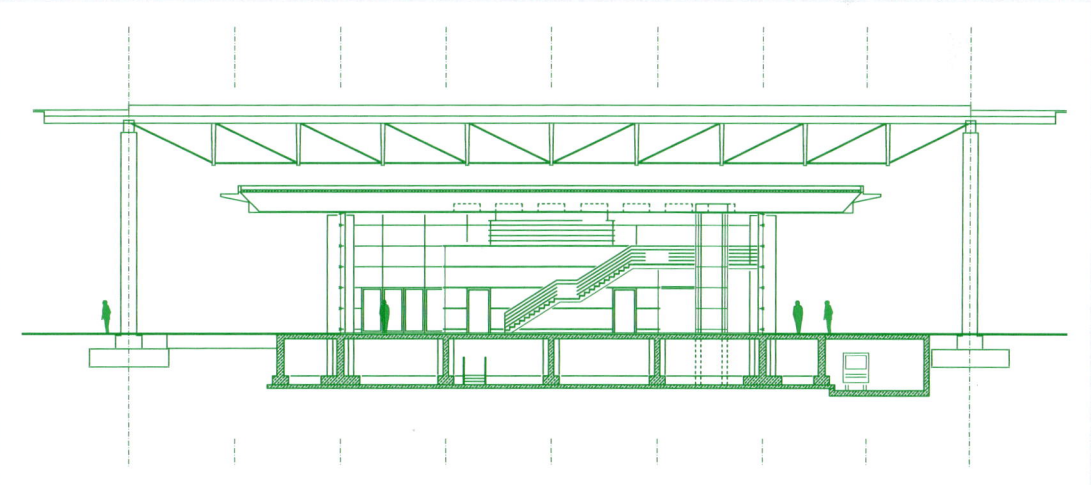

057

Sezione trasversale del padiglione A
con vista delle scale interne

Struttura del tetto a vista

Nel 1999 gmp ha ottenuto il primo posto nel concorso a inviti bandito da Aerdorica, anche se il risultato è stato raggiunto solo dopo aver presentato un ricorso. Inizialmente, lo studio era stato escluso dalla gara per la presunta mancanza di una firma. Volkwin Marg conserva ancora il ricordo dei difficoltosi colloqui del tempo. Come al solito, Marg indossava una comoda giacca estiva di lino chiaro con le matite nel taschino, i rappresentanti di Aerdorica invece erano sempre estremamente formali in preziosi abiti scuri e lo guardavano leggermente sorpresi.

Il progetto che gmp aveva elaborato per il concorso risultò convincente grazie all'impostazione molto chiara e ordinata. L'impianto si compone di due edifici separati, per le partenze e per gli arrivi. La soluzione è attuabile perché l'aeroporto di Ancona dispone solo di sei gate, tre per ogni edificio, indipendentemente dal fatto che sia il terminal delle partenze o quello degli arrivi, dal momento che gli aeromobili possono essere raggiunti in pochi minuti in autobus o a piedi. La separazione che ne deriva ogni volta all'interno di un padiglione crea le condizioni per un orientamento ottimale da parte dei passeggeri. Lo studio gmp aveva rinunciato deliberatamente ai finger d'imbarco, contravvenendo anche alla volontà del committente che li riteneva indispensabili per un aeroporto moderno. Dato il numero limitato dei passeggeri, Volkwin Marg voleva rendere possibile l'uscita dal terminal a livello del suolo per raggiungere l'aereo con un breve percorso attraverso il piazzale dell'aeroporto. Marg riuscì a convincere il committente perché questa proposta rendeva superfluo il secondo livello e abbassava di molto i costi di costruzione.

059, pagina 81
Accesso all'area di consegna bagagli nel seminterrato del terminal
060, pagine 82–83
Percorsi brevi dagli aereomobili

82 AEROPORTO RAFFAELLO SANZIO, ANCONA-FALCONARA

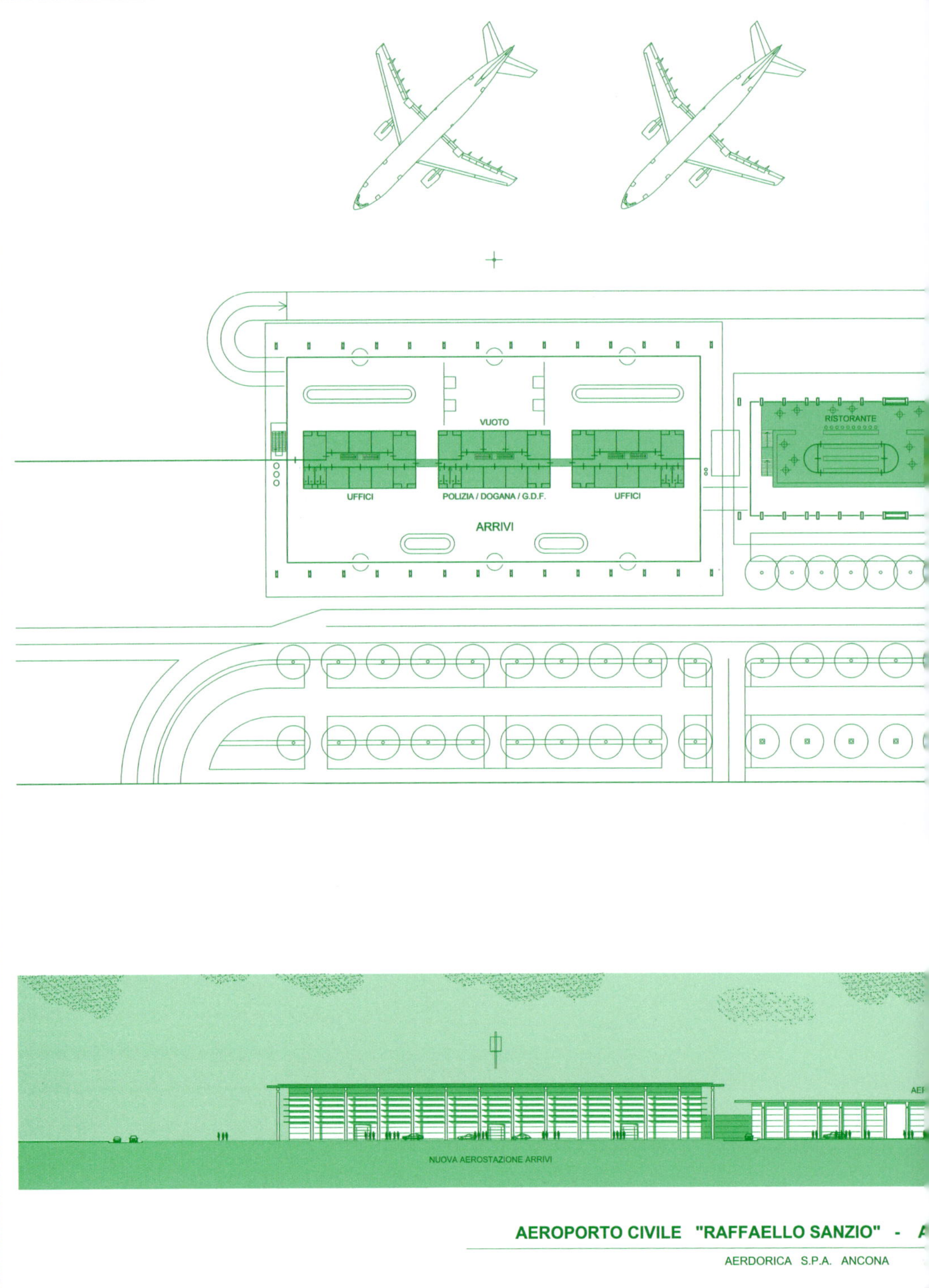

VUOTO
UFFICI
POLIZIA / DOGANA / G.D.F.
UFFICI
ARRIVI
RISTORANTE
NUOVA AEROSTAZIONE ARRIVI
AEROPORTO CIVILE "RAFFAELLO SANZIO" -
AERDORICA S.P.A. ANCONA

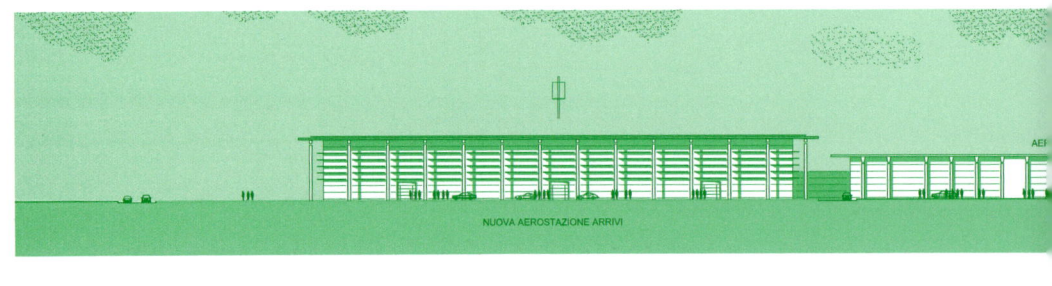

CAPITOLO 2 / TRASPORTI

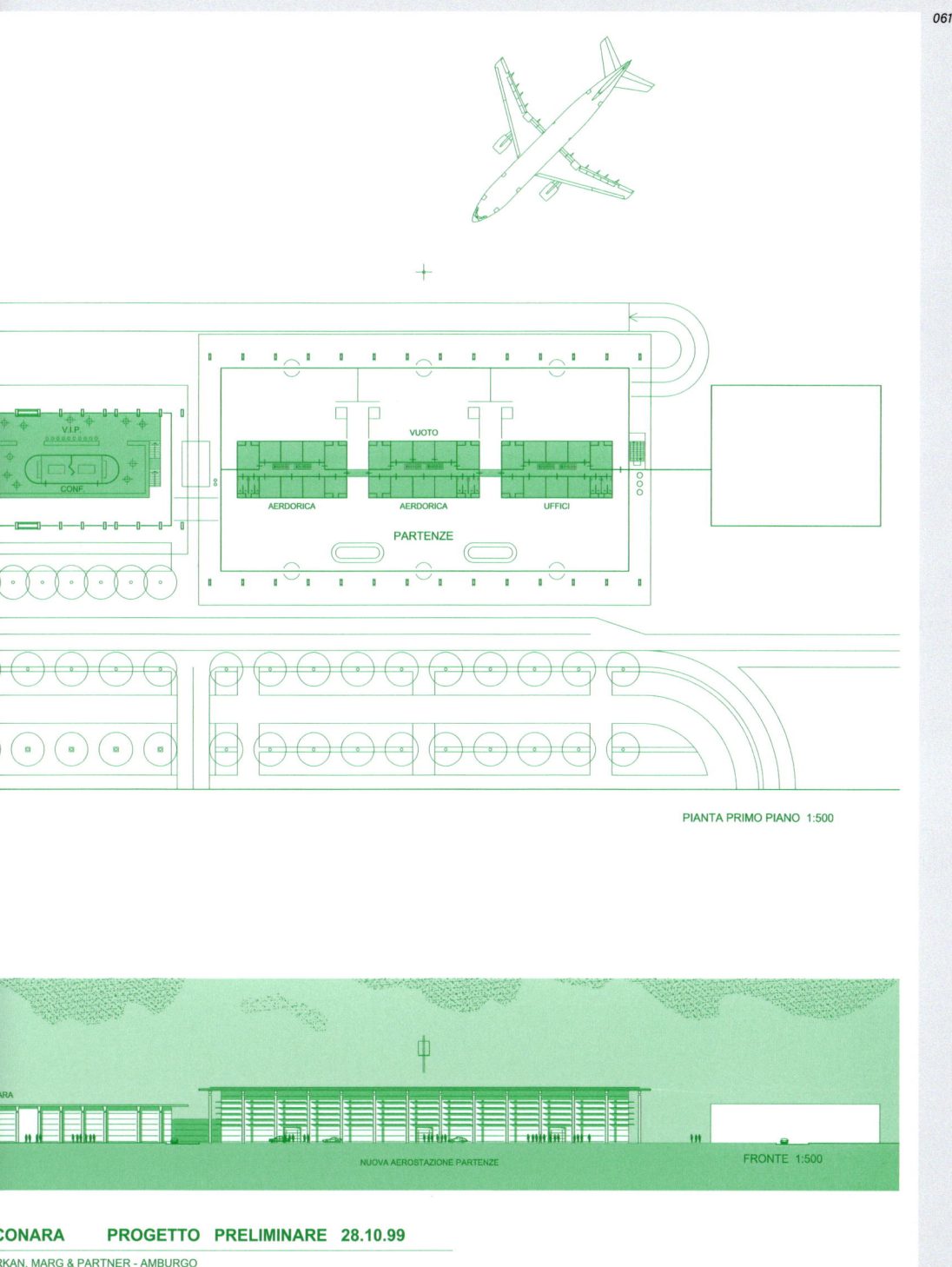

Progetto per il concorso con il nucleo centrale dell'area commerciale

86 AEROPORTO RAFFAELLO SANZIO, ANCONA-FALCONARA

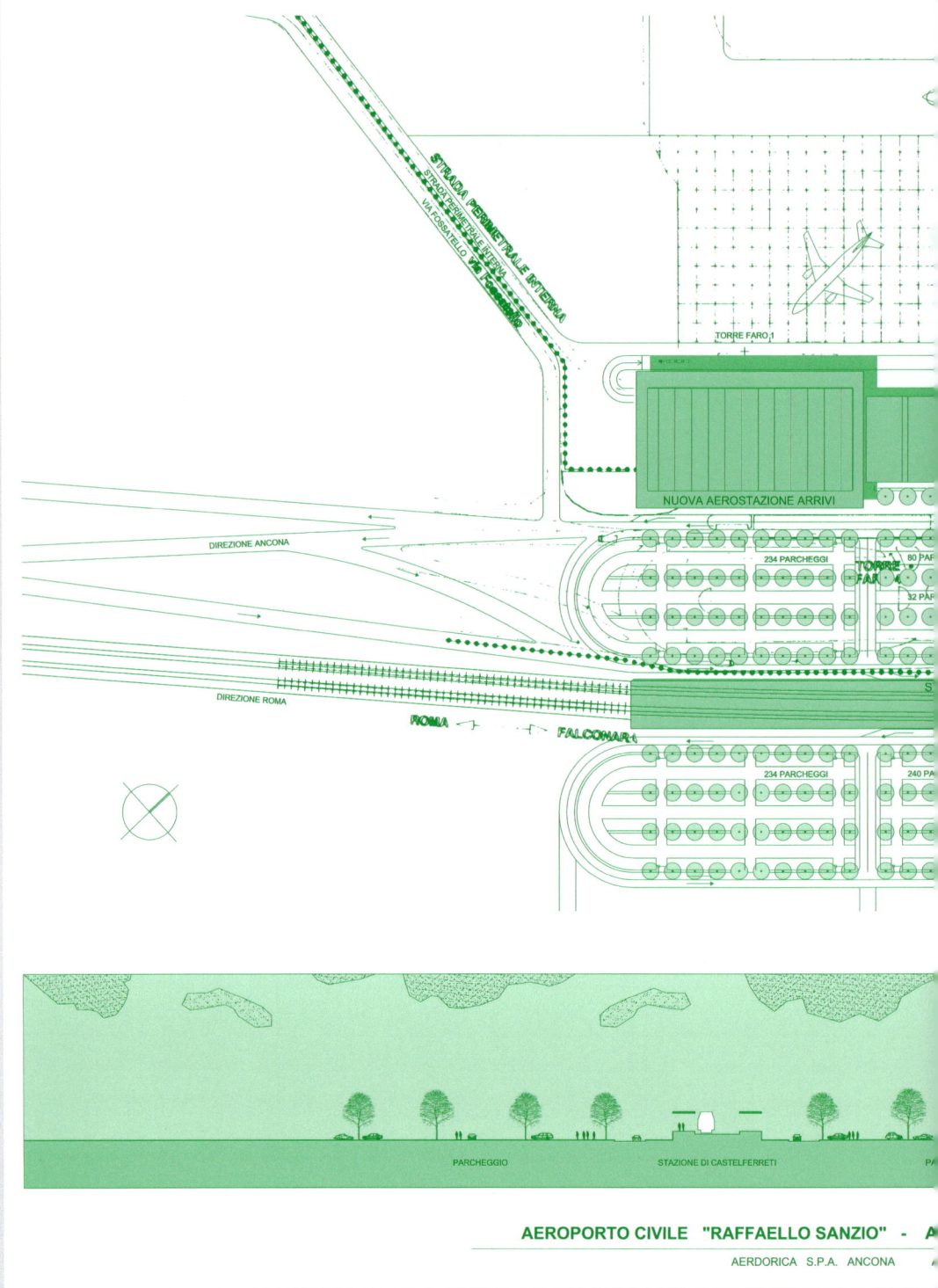

CAPITOLO 2 / TRASPORTI

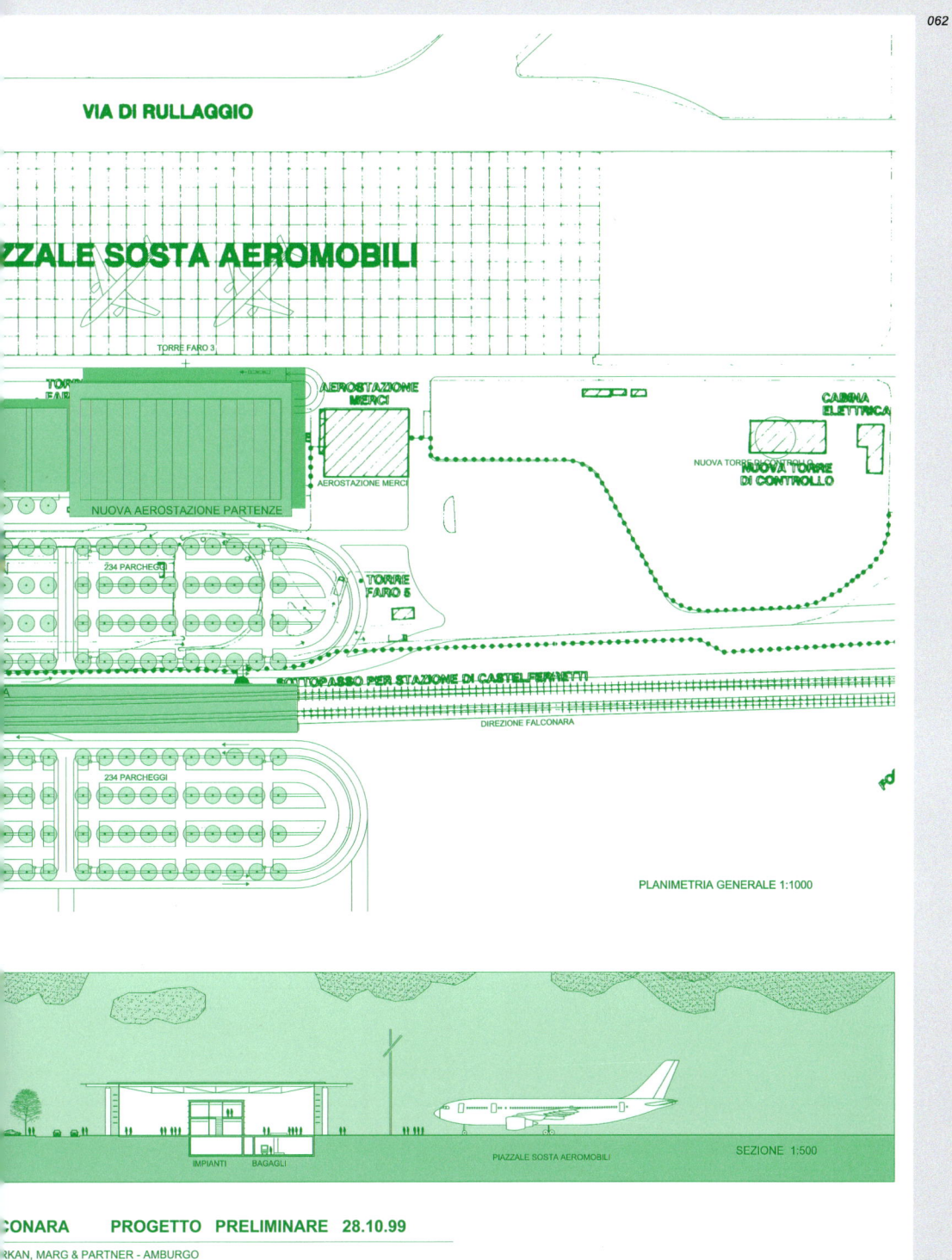

Progetto per il concorso con il nucleo centrale dell'area commerciale e lo scalo ferroviario integrato

AEROPORTO RAFFAELLO SANZIO,
ANCONA FALCONARA

063, pagina 88
Cubi funzionali in vetro
nei padiglioni

Particolarmente degne di nota sono la semplicità compositiva e la trasparenza dei due padiglioni gemelli. Essi emanano un senso di generosa rappresentanza e offrono contemporaneamente la vista sul piazzale di sosta e sulle piste permettendo di ammirare gli atterraggi e i decolli dalla pista parallela al terminal.

Le travi reticolari in acciaio di 48 metri di lunghezza percorrono tutto il padiglione, attraversano con il corrente superiore le facciate in acciaio e vetro di entrambi i lati e si appoggiano ai pilastri in acciaio a sezione scatolare. Le travi sono estremamente trasparenti poiché, a eccezione del corrente superiore e dei montanti verticali, sono composte da stralli e aste sottili. Le facciate scandite da file di sporti ombreggianti colpiscono per il gioco armonico degli elementi orizzontali e verticali e culminano con l'ampia sporgenza del tetto molto alleggerita. L'opera è stata realizzata in collaborazione con lo studio di ingegneria Favero & Milan, mentre Studio TI ha progettato i complessi impianti tecnologici che hanno assorbito quasi la metà dell'importo dell'opera. gmp aveva già collaborato con entrambi gli studi per realizzare la Fiera di Rimini.

All'interno trovano spazio singoli volumi funzionali a due piani che sfiorano le travi della copertura e hanno uno scheletro portante in acciaio a maglia quadrangolare. In ogni padiglione si allineano tre volumi collegati reciprocamente attraverso passerelle poste al piano superiore. Le facciate di questi semplici parallelepipedi sono scandite dalle superfici vetrate verdognole opache e dalle finestre a nastro degli uffici del piano superiore. Custodiscono internamente spazi destinati a vari usi, come le aree di controllo dell'autorità doganale e della sicurezza, gli ambienti di servizio, uffici e locali per il personale o per i servizi igienici. L'intera gestione dei bagagli è collocata nel sotterraneo dei padiglioni. Nastri trasportatori collegano il piano terra con il livello interrato, dal quale i carrelli dei bagagli raggiungono il piazzale aeromobili attraverso una serie di rampe poste all'inizio e alla fine del terminal. In questo modo, la vista dalle sale arrivi e partenze verso la pista rimane indisturbata. L'intradosso della copertura dei padiglioni è stato realizzato in lamiera grecata chiara. Con la linea sottile delle travi longitudinali trasversali, il soffitto contribuisce all'effetto trasparente e gradevole della struttura, rendendola visibile e intelligibile. L'intero impianto di ventilazione è integrato nei parallelepipedi vetrati, mantenendo la copertura leggera sgombra dai condotti per l'aria.

L'ingegner Filippo Zappata

Purtroppo, nel realizzare l'aerostazione, non è stata seguita l'impostazione originaria del concorso. Il progetto vincitore di gmp prevedeva la ristrutturazione della piccola aerostazione degli anni Settanta nello spazio compreso tra i due nuovi terminal, per ricavare uno spazio aggiuntivo da destinare a negozi e bar. A un certo punto però è cambiata la gestione dell'aeroporto e quella nuova ha imposto una strategia finalizzata alla riduzione del budget. Di conseguenza l'edificio esistente, irrilevante dal punto di vista architettonico, non è stato più ricostruito o ristrutturato da gmp, ma lasciato in gran parte com'era e collegato ai nuovi volumi solo da piccoli passaggi in vetro. In questo modo è andata perduta l'idea di creare un insieme unitario con una facciata continua verso la strada e verso la pista. Il concorso prevedeva inoltre una stazione ferroviaria sulla linea che corre a breve distanza dall'aeroporto. E mentre a Rimini la stazione è stata completata con successo davanti all'ingresso principale del nuovo complesso fieristico, ad Ancona è stata cancellata. Ancora oggi Volkwin Marg non riesce a nascondere l'amarezza per il progetto incompleto di Ancona.

Raffaello è nato a Urbino, a cento chilometri di distanza, ed è un nome altisonante per questo piccolo aeroporto. Tuttavia, Ancona può essere ugualmente orgogliosa di un figlio che ha segnato la storia dell'aviazione: Filippo Zappata, uno dei più importanti progettisti italiani di aerei ed elicotteri, è nato proprio ad Ancona nel 1894.

065, pagina 91
Facciata con elementi
ombreggianti orizzontali
066, pagine 92–93
Edificio del terminal illuminato

92 AEROPORTO RAFFAELLO SANZIO,
ANCONA-FALCONARA

STAZIONE FERROVIARIA FIERA DI RIMINI

Prototipo della pensilina: sistema modulare con forma caratteristica della copertura

La prima fase progettuale del 1997 della Nuova Fiera di Rimini, anch'essa realizzata da gmp, prevedeva già la costruzione della connessa stazione ferroviaria. La Fiera può essere infatti raggiunta facilmente in treno poiché sorge nei pressi della linea di rilevanza nazionale Milano-Bari. La pensilina lunga circa 100 metri con le ali bilaterali in metallo è l'elemento architettonico che caratterizza l'intervento. La struttura utilizza un modello di copertura sviluppato da gmp la cui forma leggermente ricurva appare sospesa sopra la banchina. Il progetto illuminotecnico esalta la leggerezza della pensilina: la luce diurna illumina la banchina attraverso un'apertura vetrata a nastro e sottolinea la scansione della sequenza di montanti mentre, di notte, lo spazio è avvolto nella piacevole atmosfera dell'illuminazione indiretta. La tonalità dell'acciaio, il travertino e la tinteggiatura si conformano ai motivi architettonici dei padiglioni della fiera. Un'altra caratteristica compositiva è data dalla presenza di tre livelli funzionali collegati tramite due ascensori: il livello dei binari, quello del parcheggio e dell'ingresso e quello del sottopassaggio per la viabilità pedonale diretta verso la Fiera.

Progetto: Volkwin Marg con Stephanie Joebsch
Periodo di costruzione: 2002-2004

Pensilina con illuminazione indiretta
e ali in acciaio su entrambi i lati

I sottili montanti e profilati in acciaio
conferiscono trasparenza alla struttura

STAZIONE FERROVIARIA DI FIRENZE

Atrio vetrato della stazione con negozi e ristoranti

Il progetto della nuova stazione di transito di Firenze si inserisce nella strategia a lungo termine di collegare le principali città italiane con la linea ad alta velocità. La stazione principale di Firenze Santa Maria Novella è di testa, come quelle di Milano e Roma. Per questa stazione, realizzata sotto la direzione dell'architetto Giovanni Michelucci negli anni Trenta, non esiste alcuna possibilità di ampliamento. Con la nuova Stazione Alta Velocità di Firenze Belfiore, sotterranea e situata circa un chilometro più a nord di Santa Maria Novella, sarebbe dovuto sorgere un edificio in gran parte vetrato, accessibile da più lati e le cui funzioni aggiuntive, in particolare il livello commerciale, potessero essere utilizzate anche indipendentemente dagli orari dell'attività ferroviaria. Il progetto prevedeva l'accorpamento di tutti gli ambienti della stazione sotto una leggera e allungata struttura di copertura. Il concorso è stato vinto da Foster + Partners. A oggi lo sviluppo del progetto è ancora incerto: è visibile soltanto uno scavo abbandonato con alcune opere al grezzo.

Concorso: 2002 – 2° premio
Progetto: Volkwin Marg e Joachim Zais
Non realizzato

La struttura della copertura con una larghezza di 40 metri e una lunghezza di 500 metri

STAZIONE FERROVIARIA SUSA INTERNATIONAL

Geometria chiara con particolare struttura della copertura

Il concorso per la nuova Stazione di Susa International prevedeva la realizzazione di un edificio passeggeri sulla linea ad alta velocità Torino-Lione poco prima del previsto tunnel di base del Moncenisio, lungo 57 chilometri e da realizzare al confine con la Francia. Il progetto nasce in stretto rapporto con il paesaggio circostante. Le quattro direzioni principali del layout interno, strutturato geometricamente come le pale di un mulino a vento, dischiudono la vista verso gli imponenti panorami esterni: dall'ingresso principale si guarda in direzione della cittadina di Susa fino alla superba sagoma del Moncenisio; a sud, dall'area di attesa per la lunga percorrenza si scorgono i Tre piloni; verso est si ammirano l'ingresso della valle e l'imponente abbazia di San Michele della Chiusa; verso nord lo sguardo spazia in direzione della vetta del Rocciamelone. La geometria chiara e facilmente leggibile della struttura di copertura leggera, in legno ordito secondo un motivo romboidale, contrasta con l'orografia movimentata dell'intorno. I lucernari che si aprono nei cassettoni riproducono la struttura dei percorsi dei passeggeri in movimento e catturano, con allegri giochi di luce e colore, le atmosfere esterne che si avvicendano durante le giornate e le stagioni. Il concorso è stato vinto da Kengo Kuma & Associates, tuttavia il progetto è stato messo in discussione e non è stata avviata la realizzazione.

Concorso: 2012 – 2° premio
Progetto: Volkwin Marg e Jürgen Hillmer con Robert Friedrichs
Non realizzato

CAPITOLO 2 / TRASPORTI

Vista esterna dell'edificio della stazione

Copertura a cassettoni con lucernari colorati

III

SANITÀ

CAPITOLO 3

Pagina 104 **OSPEDALE BORGO TRENTO, VERONA**

Concorso: 2000 – 1° premio
Progetto: Volkwin Marg con Studio Altieri
Periodo di costruzione: 2004–2009

Pagina 128 **OSPEDALE DI BERGAMO**

Concorso: 2000 – 2° premio
Progetto: Volkwin Marg e Joachim Zais
 con Matias Otto
Non realizzato

Pagina 130 **OSPEDALE DI FERMO**

Concorso: 2010 – 3° premio
Progetto: Volkwin Marg con Robert Friedrichs
Non realizzato

Pagina 132 **OSPEDALE DI SESTO SAN GIOVANNI, MILANO**

Concorso per General Contractor: 2013
Progetto: Volkwin Marg con Robert Friedrichs
Non realizzato

OSPEDALE BORGO TRENTO, VERONA

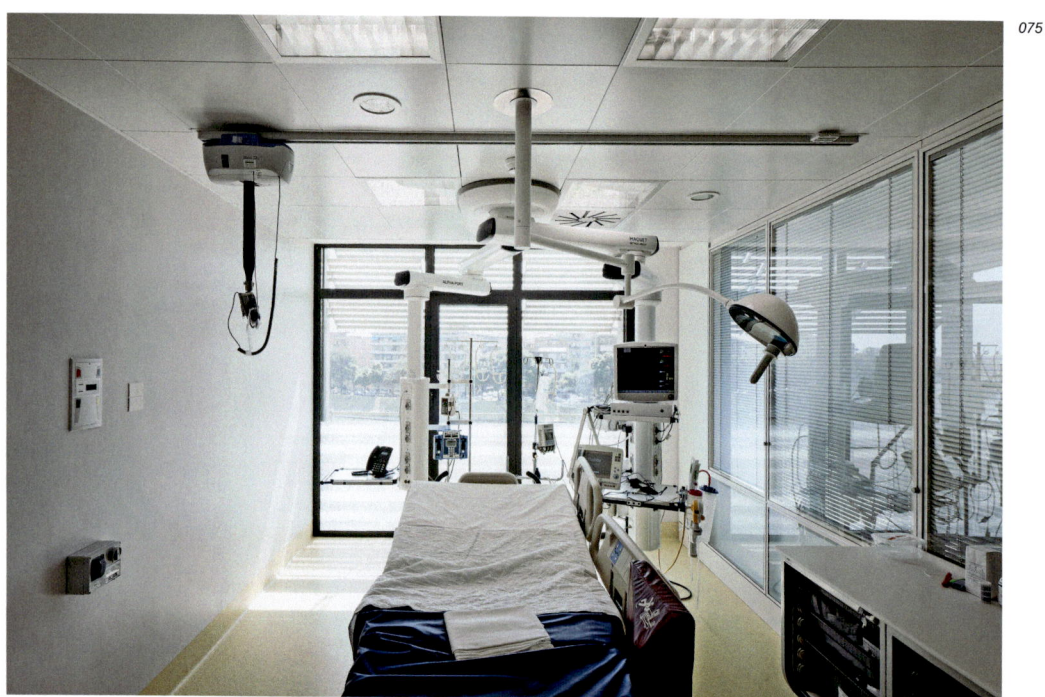

SENZA LA PARENTESI

Ospedale Borgo Trento, Verona

L'Azienda Ospedaliera Universitaria Integrata Verona, più brevemente chiamata Ospedale Borgo Trento, si trova all'estremo nord del quartiere di Borgo Trento, una zona di espansione sorta nel XIX secolo con al centro la Piazza Vittorio Veneto. Nella parte meridionale del quartiere sorge l'ex Arsenale militare Franz Josef I che risale al periodo della dominazione austriaca, con un museo e un parco pubblico. Due ponti sull'Adige, il Ponte della Vittoria e il Ponte Garibaldi, collegano il quartiere al centro storico di Verona. Dal santuario della Madonna di Lourdes, che sorge su un'altura 500 metri a est dell'ospedale, si gode di una buona vista della città e dell'intera struttura ospedaliera con i suoi numerosi padiglioni.

Oggi gli ospedali sono opere complesse che richiedono ampie conoscenze. Molti requisiti implicano lunghi e complicati processi di pianificazione e soprattutto un accurato coordinamento con tutti i soggetti coinvolti. L'elaborata programmazione dell'occupazione degli spazi e delle destinazioni d'uso impone inoltre un grado di flessibilità sempre maggiore data la costante necessità di rispondere alle innovazioni nell'assistenza medica e infermieristica, innovazioni che, come logica conseguenza, hanno un'influenza diretta sulla struttura dell'edificio. È quindi ammirevole che gmp, in collaborazione con i progettisti italiani di Studio Altieri, sia riuscito a pianificare un complesso così importante a Borgo Trento e a realizzarne la prima fase. L'Italia infatti – come ogni altra nazione – dispone di specifiche linee guida e procedure progettuali in campo ospedaliero differenti da quelle degli altri paesi.

Pianta della città del 1648

Veduta storica dell'Ospitale Grande in Piazza Bra

L'ospedale di Verona ha una lunga storia. Nel 1520 aprì i battenti la Santa Casa della Misericordia collocata in Piazza Bra, accanto all'Anfiteatro, dove fu poi costruito Palazzo Barbieri. Alcuni decenni più tardi, nello stesso secolo, Shakespeare scrisse la tragedia *Romeo e Giulietta*, che ha come protagonisti i due innamorati di Verona di cui tutti conoscono il destino.

Verso la fine degli anni Trenta del XX secolo fu costruito l'Ospedale Borgo Trento, all'epoca poco fuori città, che si componeva di una serie di fabbricati aggiunti in fasi successive secondo il principio del complesso a padiglioni. L'impianto originario è formato da edifici con bassi tetti a padiglione circondati da molto spazio verde. È stato progettato dall'ingegnere Pio Beccherle seguendo il linguaggio architettonico più tradizionale dell'epoca. La sequenza di volumi inizia a sud-est con l'ex edificio principale di Piazzale Aristide Stefani: un complesso dall'ingresso suggestivo con due imponenti colonne inserite nella facciata che fiancheggiano l'ingresso e sostengono una trave con la scritta "Istituti Ospitalieri". I singoli edifici dietro il corpo d'ingresso oggi sono molto ravvicinati poiché negli anni Settanta e Ottanta è stata consentita un'alta densità edificatoria poco meditata che perseguiva criteri puramente funzionali. I volumi collocati ai lati dell'area centrale sono separati tra loro dai percorsi di accesso.

CAPITOLO 3 / SANITÀ

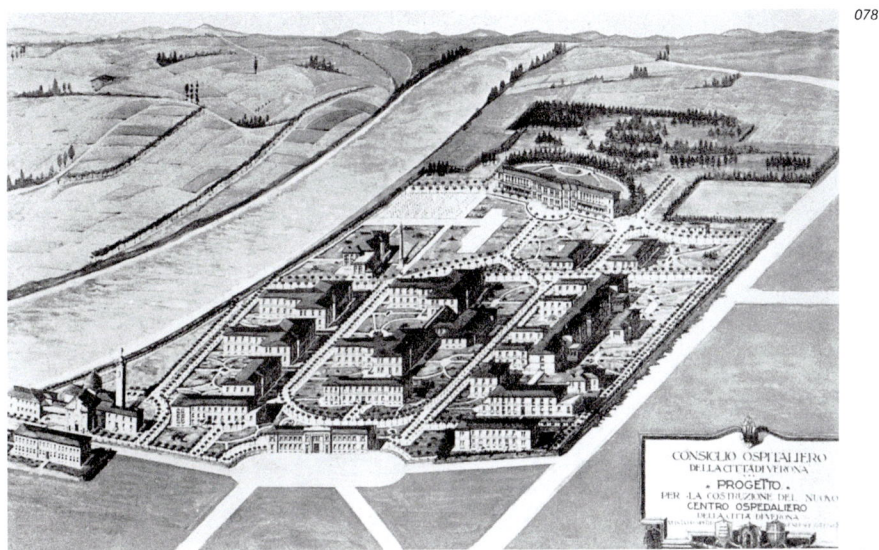

Progetto dell'ospedale di Pio Beccherle del 1929

Modello del progetto di concorso con la sua estensione complessiva

108 OSPEDALE BORGO TRENTO, VERONA

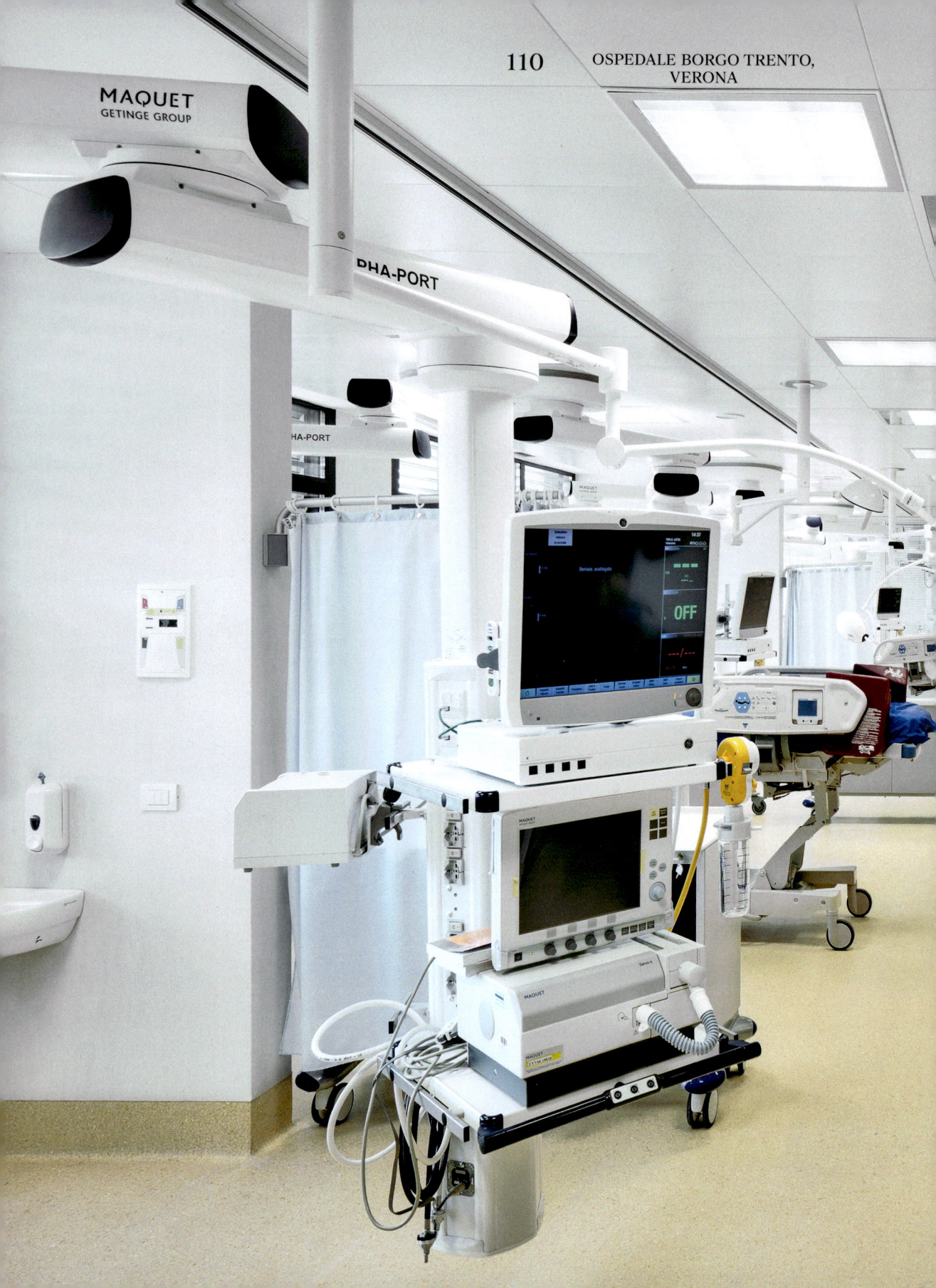

110   OSPEDALE BORGO TRENTO, VERONA

OSPEDALE BORGO TRENTO, VERONA

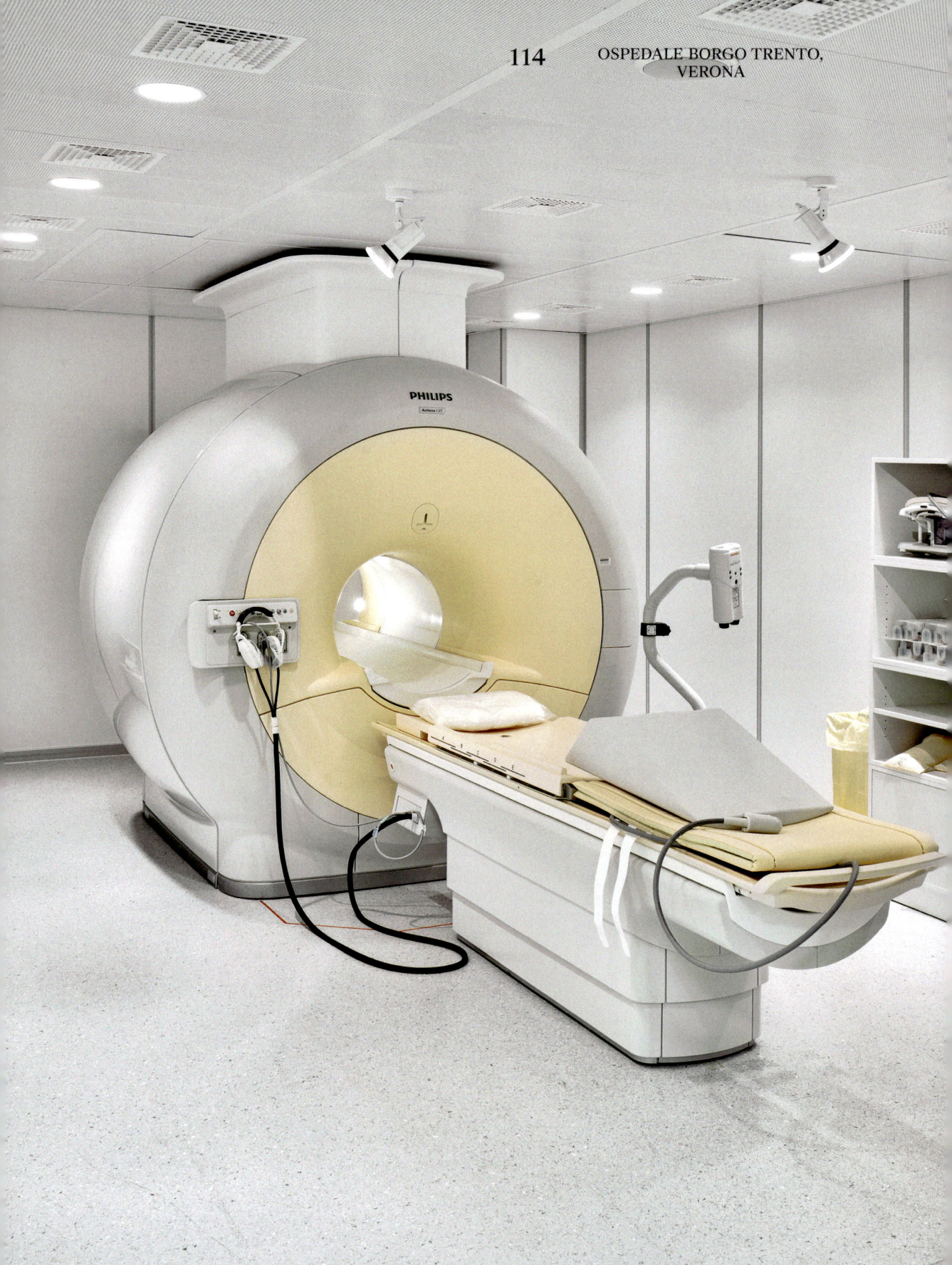

OSPEDALE BORGO TRENTO,
VERONA

080, pagine 108-109
Edificio principale con il
Pronto Soccorso sulla riva
del fiume Adige
081, pagine 110-111
Unità di terapia intensiva
082, pagine 112-113
Sala operatoria
083, pagina 114
Radiologia

Borgo Trento svolge un ruolo di primo piano per tutto il paese poiché è una struttura universitaria ed è un progetto pilota del Ministero della Salute italiano che si prefigge la rigenerazione e l'ammodernamento sostanziale di un grande ospedale metropolitano con il mantenimento di tutte le funzionalità durante le fasi di realizzazione.

Per gmp l'ospedale ha rappresentato una sfida ancora più ambiziosa, dal momento che l'incarico consisteva non solo nel riassetto dell'intero complesso in uno spazio ristretto e con scarse potenzialità di sviluppo, ma anche nel completamento con un programma più ampio di funzionalità.

La conversione è iniziata con la demolizione di alcuni edifici isolati. Questo è stato possibile grazie all'accordo con la Soprintendenza per la tutela del patrimonio monumentale che ha riconosciuto la sostanziale conservazione del complesso architettonico nonostante la demolizione di quei fabbricati. Le funzioni di medicina e quelle generali, che erano sparse in vari padiglioni, oggi sono riunite in un nuovo blocco di dimensioni e rappresentanza notevoli oltre che in due edifici adiacenti. Il nuovo impianto accoglie chirurgia, unità di terapia intensiva, reparti, sale operatorie, Pronto Soccorso, poliambulatorio, day hospital, radiologia e aree pubbliche.

Completato nel 2011 durante la prima fase dei lavori, l'edificio principale di nove piani è intitolato alla memoria del dott. Piero Confortini, pioniere italiano del trapianto di rene attivo nella clinica per molti anni. Il blocco quadrato dispone di 33 sale operatorie che ne fanno il centro chirurgico più grande d'Italia. L'area dell'atrio centrale è di grande qualità architettonica e, rispetto ad altri ospedali italiani, spesso molto intricati, questo è un ampio volume, ben strutturato e di grande effetto, con grandi lucernari a tetto che invitano alla sosta.

Davanti al fronte sud-est del Polo Confortini sorge l'ambulatorio, una stecca di quattro piani con il foyer dell'ingresso principale che conduce all'atrio e alle aree del poliambulatorio e del day hospital con le proprie sale operatorie. La stecca funge da mediatore di scala nei confronti del complesso ospedaliero esistente di Piazzale Aristide Stefani e fa apparire più piccolo il volume imponente dell'edificio principale. Sul lato sud-ovest del Polo si allunga l'edificio a due piani del Pronto Soccorso a cui si accede dalla strada

CAPITOLO 3 / SANITÀ

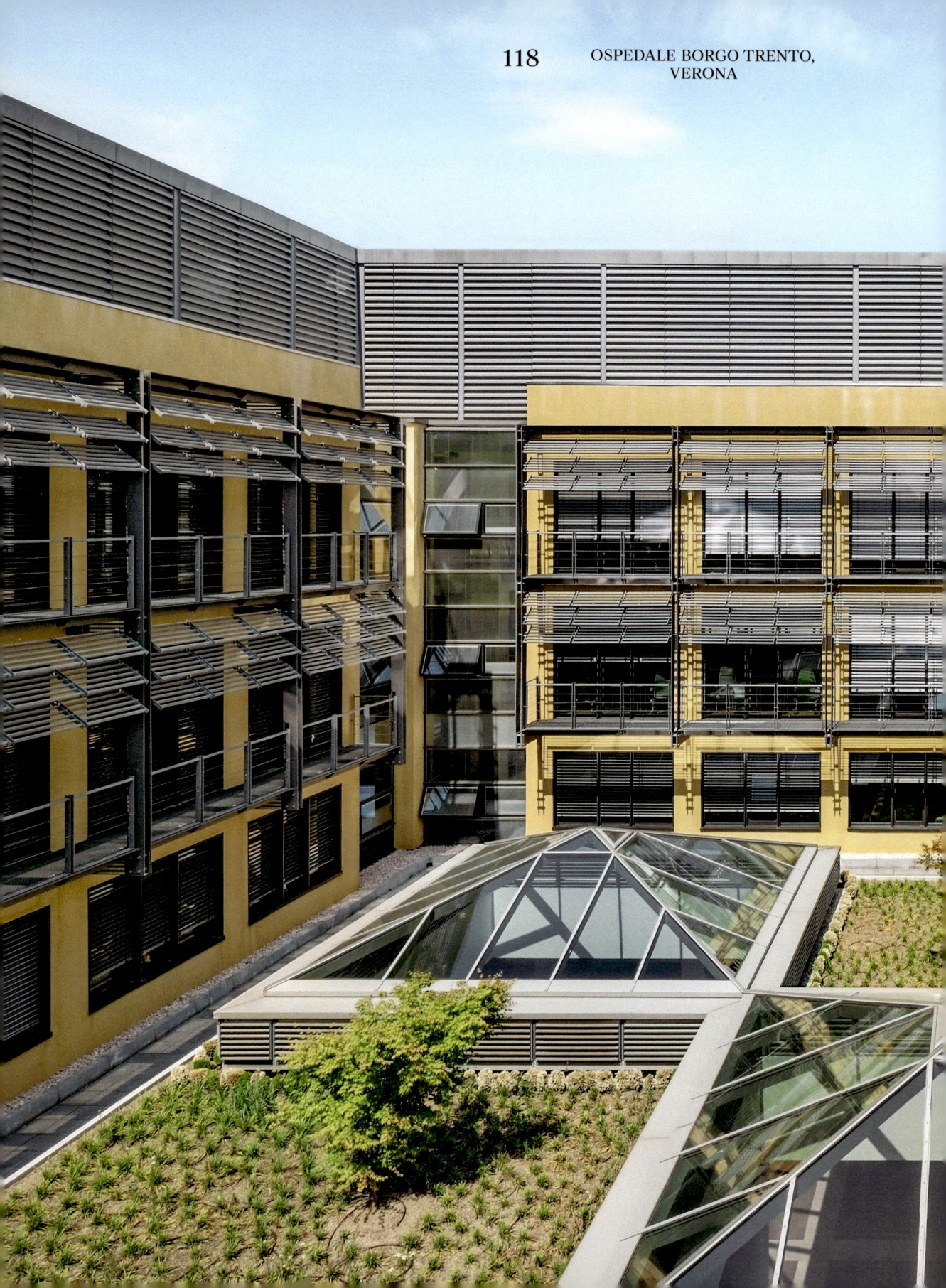

084, pagine 116–117
Atrio dell'edificio principale
085, pagine 118–119
Vista dei lucernari dell'atrio

Stato attuale

Progetto con parte centrale all'aperto,
compreso il complesso terapico

che costeggia l'Adige. Entrambe le costruzioni sono state realizzate contemporaneamente, insieme alla centrale tecnologica durante la prima fase dell'intervento. Con questi nuovi edifici strettamente collegati, l'attività dell'ospedale è stata notevolmente migliorata in termini funzionali ed economici a beneficio del paziente, rispettando le direttive iniziali e guardando al futuro.

Anche la seconda fase del progetto gmp assume grande importanza con una visione molto chiara e leggibile dal punto di vista urbanistico. In questa fase il centro diagnostico-terapeutico dovrebbe essere realizzato in una parte dell'edificio ipogeo a due piani, denominato piastra, la cui illuminazione diurna sarebbe garantita da una serie di cortili verdi. Nel primo livello interrato troverebbero posto radiologia, medicina trasfusionale, fisioterapia e laboratori, nel secondo gli impianti tecnologici oltre a un parcheggio sotterraneo e, a collegamento con gli edifici circostanti esistenti, un anello circonferenziale di raccordo. Il volume ipogeo nella parte centrale del sito, associato alla compattezza del nuovo corpo del Polo Confortini, genererebbe un sistema di spazi verdi all'aperto, il nuovo Giardino Grande, con un asse centrale di collegamento tra il vecchio edificio principale a sud-est e l'ambulatorio a nord-ovest.

CAPITOLO 3 / SANITÀ

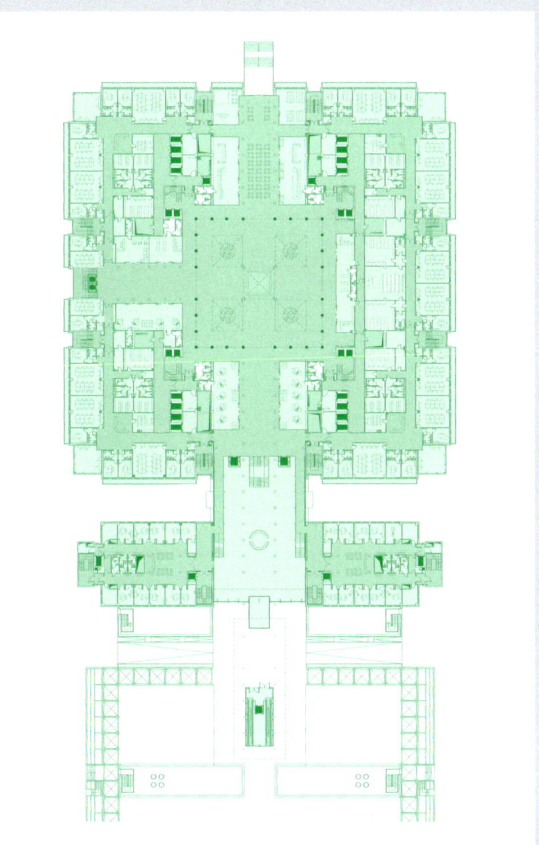

Planimetria del 1° piano
con ingresso e atrio

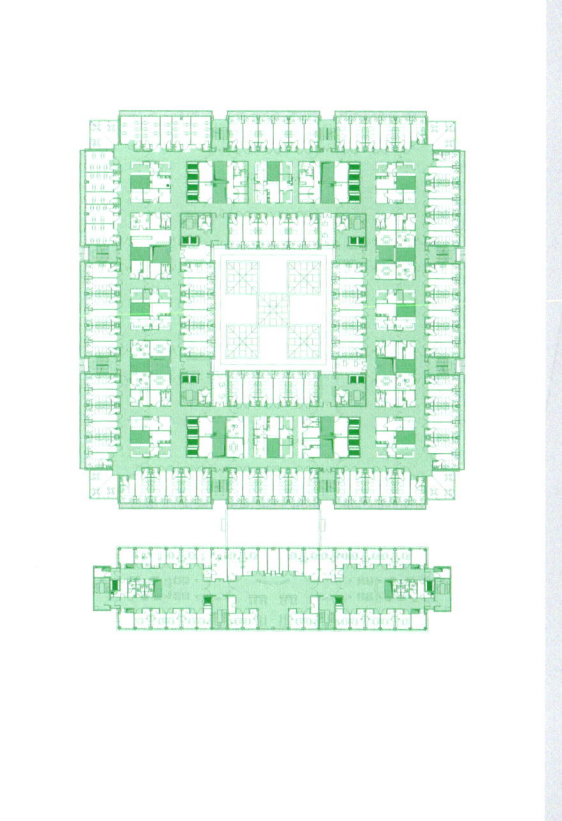

Planimetria del 3° piano
con chirurgia e clinica ambulatoriale

122 OSPEDALE BORGO TRENTO, VERONA

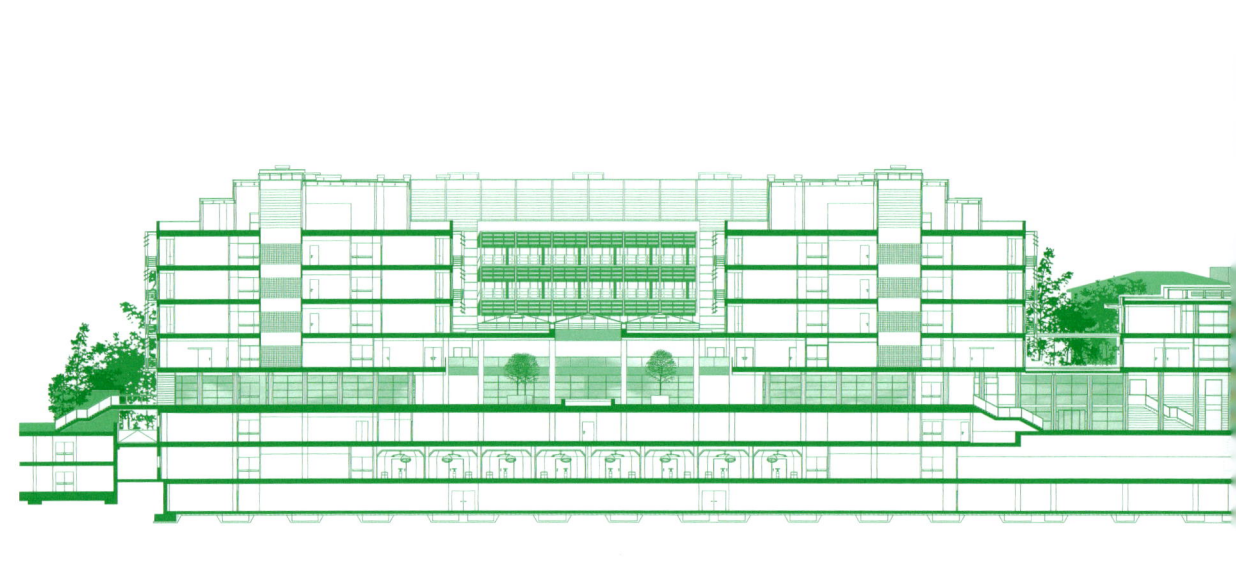

CAPITOLO 3 / SANITÀ

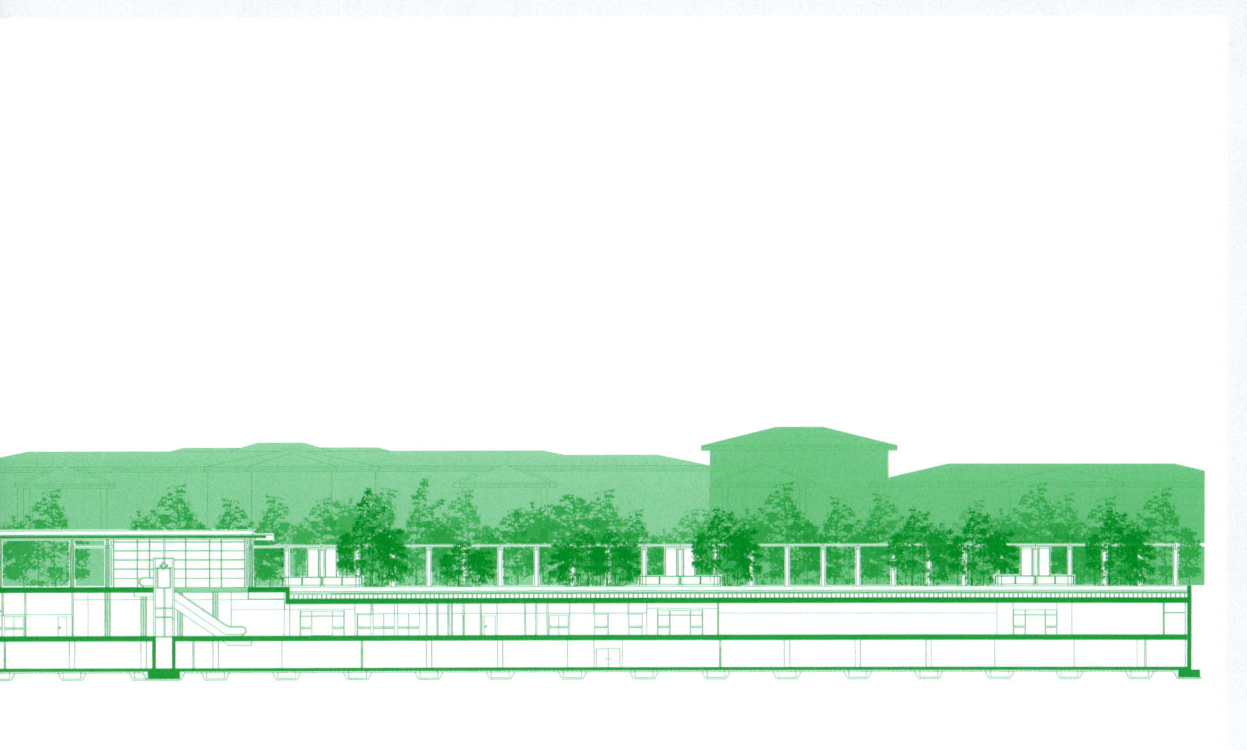

Sezione con il secondo ampliamento previsto

Quest'idea rappresenta l'elemento cardine del progetto: il grande spazio rettangolare centrale all'aperto genera una "parentesi verde" tra l'esistente e le nuove costruzioni. Con un pergolato perimetrale, cascatelle d'acqua, scale, rampe e ponticelli migliorerebbe significativamente la qualità del soggiorno di pazienti, visitatori e personale.

Purtroppo, per ora, questa seconda fase non è stata realizzata, poiché si è scelto di continuare a utilizzare gli edifici esistenti con una elevata densità. A causa di quest'inversione di rotta dovuta a motivazioni finanziarie, operative e tecnologiche, l'impostazione complessiva del progetto gmp, nella quale i nuovi edifici e i nuovi spazi verdi sono intimamente e coerentemente collegati, non può essere adeguatamente evidenziata. Il nuovo ingresso principale dell'ambulatorio, attraverso il quale si accede al Polo Confortini, collocato in fondo al complesso, rimane oggi ostruito da uno degli edifici esistenti ed è accessibile tramite un corpo basso aggiunto successivamente. Inoltre, indipendentemente dalle previsioni del progetto gmp, a fianco dell'edificio principale nel 2017 è stato costruito il nuovo Ospedale della Donna e del Bambino composto da un grande blocco di sei piani e da uno più piccolo di due.

Considerato il disordine architettonico attuale, potrebbe essere ancora possibile tentare di realizzare il grande cuore verde del progetto. Solo in questo modo si potrà dare un volto all'impianto complessivo che nella sua limpidezza si ricolleghi alla prima idea di Pio Beccherle e renda giustizia alla grande importanza di questa struttura per la medicina d'avanguardia in Italia.

091, pagina 125
Collegamento tra il Polo Confortini e l'ambulatorio
092, pagine 126–127
Complesso ospedaliero nel contesto urbano

126 OSPEDALE BORGO TRENTO, VERONA

OSPEDALE DI BERGAMO

Ingresso con vista sulla corte interna

A differenza di Verona, a Bergamo si decise di realizzare un nuovo ospedale extraurbano che riunisse tutti i reparti più importanti. Gli edifici costruiti verso la fine degli anni Trenta in un complesso a padiglioni posto al margine nord-occidentale di Bergamo Bassa furono completamente abbandonati. Fu individuata una zona a sud-ovest della città che fino a quel momento era rimasta inedificata e fu indetto un concorso internazionale di progettazione. Il progetto si distingue per la spina centrale con il padiglione d'ingresso in vetro e il livello verde all'aperto collocato sopra il blocco funzionale. Su ogni lato della spina si innalzano due edifici a forma di "U". Le facciate sono caratterizzate esternamente da una leggera struttura in acciaio che sostiene elementi scorrevoli in legno. Dal momento che il bando richiedeva un progetto preliminare completo, l'impegno profuso è stato molto consistente. Maggiore è stata la delusione quando ci si è accorti di non aver ottenuto il successo sperato pur avendo offerto uno schema semplice e modulare e un'elaborazione accurata di tutte le specifiche tecniche ospedaliere connesse.

Concorso: 2000 – 2° premio
Progetto: Volkwin Marg e Joachim Zais con Matias Otto
Non realizzato

Facciata con elementi in legno mobili

Piastra integrata nel paesaggio
con corte centrale a giardino

OSPEDALE DI FERMO

Ingresso principale sul lato nord-ovest

Nella provincia di Fermo, creata nel 2004, doveva essere realizzato un nosocomio centralizzato nel mezzo di una vasta area verde. L'idea era quella di integrare il progetto nel caratteristico paesaggio collinare delle Marche, noto per i meravigliosi panorami. Il terreno in leggera pendenza prosegue all'interno dell'ospedale integrandosi perfettamente con l'asse centrale di collegamento che sfocia in un doppio volume aperto con vista sulla natura. L'organizzazione funzionale del complesso è chiaramente leggibile dall'esterno. Il corpo dell'ingresso principale e la piastra, che contiene ambulatori, blocchi operatori e spazi per il personale, sfiorano anteriormente una stecca destinata alla degenza, elegantemente concava e curvilinea e dalle cui finestre i pazienti possono ammirare le colline. Le persone possono orientarsi grazie alla chiarezza e alla simmetria della disposizione dei volumi e agli svariati riferimenti che provengono dal paesaggio. Il ritmo lento delle facciate pervade gli spazi interni insieme alle calde tonalità del laterizio tipico di queste zone.

Concorso: 2010 – 3° premio
Progetto: Volkwin Marg con Robert Friedrichs
Non realizzato

Edificio concavo e curvilineo con vista panoramica destinato alla degenza

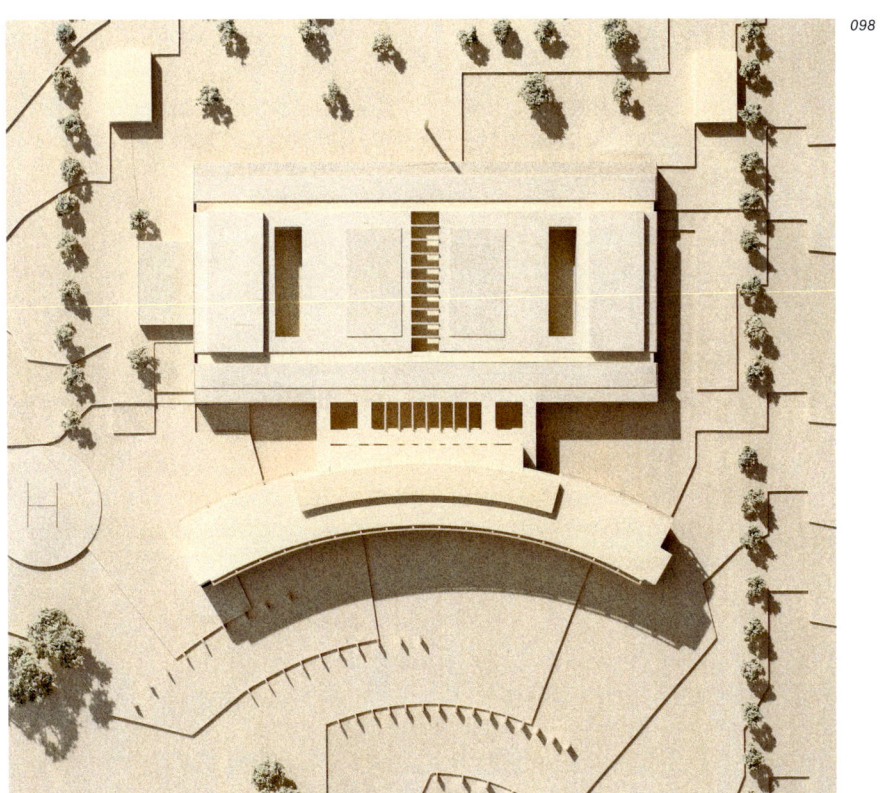
Organizzazione chiara e simmetrica

OSPEDALE DI SESTO SAN GIOVANNI, MILANO

Edificio d'ingresso con atrio e sala congressi

Il progetto per la Città della Salute e della Ricerca di Sesto San Giovanni, a nord di Milano, è stato oggetto di un bando di gara per General Contractor. La base era data dal Masterplan del 2005 elaborato da Renzo Piano per tutta l'area delle acciaierie ex Falck. Dopo un lavoro di accurata pianificazione durato sei mesi, consistente nell'organizzazione di 135.000 metri quadrati di superficie destinata a ospedale, hotel, laboratori e spazi congressuali inseriti all'interno di un vasto parco, l'appalto non è stato assegnato. Il progetto del distretto urbano destinato a sanità e ricerca era stato elaborato nei minimi dettagli, ma il processo di pianificazione ha incontrato numerose resistenze sia da parte della committenza sia dal consorzio temporaneo d'impresa. Il progetto prevede la realizzazione di un complesso a poca distanza da uno degli imponenti relitti di archeologia industriale dell'acciaieria dismessa. È composto da un basso edificio d'ingresso contenente un atrio e una sala congressi, dai volumi con i reparti di degenza e da altri corpi disposti ai lati di un asse di collegamento. Per l'occasione era stato anche accuratamente approfondito lo sviluppo di ampie stanze di degenza dotate di bovindo e lo studio dei vari materiali da utilizzare.

Concorso per General Contractor: 2013
Progetto: Volkwin Marg con Robert Friedrichs
Non realizzato

Il complesso ospedaliero immerso nel parco

IV CONGRESSI

CAPITOLO 4

Pagina 138   **PALACONGRESSI DI RIMINI**

Perizia: 2000
Incarico diretto: 2004
Progetto: Volkwin Marg e Joachim Zais
   con Stephanie Joebsch
Periodo di costruzione: 2007–2010

Pagina 164   **CENTRO CONGRESSI EUR DI ROMA**

Concorso: 1998
Progetto: Volkwin Marg e Eun Young Yi
   con Clemens Kusch
Non realizzato

Pagina 168   **CENTRO ESPOSITIVO E CONGRESSI DI AREZZO**

Perizia: 2004
Progetto: Volkwin Marg con Robert Friedrichs
Periodo di costruzione: 2005–2010

Pagina 170   **CENTRO CONGRESSI DI BOLOGNA**

Studio preliminare: 2015
Progetto: Volkwin Marg con Robert Friedrichs
Non realizzato

101

CONGRESSI IN CONCHIGLIA
Palacongressi di Rimini

Grand Hotel Rimini, ca. 1917

    Chi volesse esplorare la città di Rimini dirigendosi dal nuovo centro congressi verso il lungomare, dovrebbe assolutamente far visita all'elemento identitario per eccellenza di questa città: il Grand Hotel. Quest'irreale quinta scenica della Belle Époque, segnata dal fasto vetusto degli stucchi bianchi, era il luogo magico più amato da Federico Fellini. Il regista nacque nel capoluogo adriatico nel 1920 e fin da bambino rimase affascinato da quell'edificio. In *La mia Rimini* Fellini scrive: "Tuttavia una volta, una volta sola, un mattino presto d'estate, feci un salto di corsa su per i gradini, attraversai la grande terrazza tenendo bassa la testa ed entrai. All'inizio non vidi nulla. Solo una grande penombra, una freschezza

Pianificazione del paesaggio

Arco di Augusto, Rimini, 1955

Fotogramma di
Amarcord di Fellini, 1973

106, pagine 142–143
Vista del Palacongressi
da Parco Fabbri
107, pagine 144–145
Ingresso lato sud

e il profumo dei ceri come il lunedì mattina in cattedrale. La pace e il silenzio di un acquario. Poi, via via, cominciai a intravedere divani grandi come barche, poltrone più vaste di un letto; la passatoia rossa volteggiava seguendo la scala di marmo verso l'alto dove scintillavano vetri dai mille colori; fiori, pavoni, sfarzosi gruppi di serpenti con le lingue intrecciate; il più grande lampadario del mondo precipitava da un'altezza vertiginosa e rimaneva miracolosamente sospeso a metà". Ma con inequivocabile gesto del braccio il portiere rispediva il piccolo Federico subito fuori.

Cap. 1, p. 23 Dopo la Nuova Fiera, il secondo incarico di gmp a Rimini è stato quello del Palacongressi. Nacque dal fatto che il centro espositivo esistente, assai più modesto, era ormai pronto per un cambio di destinazione. Nel 2004, grazie alla proficua collaborazione con Lorenzo Cagnoni, Presidente di Rimini Fiera, e con l'amministrazione locale, prende avvio il progetto di uno dei più grandi centri congressi d'Italia. Anche in quest'occasione, nel quadro di un processo progettuale dinamico e dialettico.

Il Palacongressi si raggiunge dal centro storico attraverso il Corso, dove i riminesi amano passeggiare nelle ore serali. Si attraversa l'antico Arco di Augusto, circondato dai resti delle mura antiche, *104* *103* e poi il Parco Fabbri con il laghetto artificiale. Il parco è stato riprogettato nell'ambito del nuovo progetto del centro congressi dai paesaggisti dello studio milanese LAND di Andreas Kipar, che avevano già collaborato con gmp per il progetto della Fiera. Il nastro verde scorre sotto il ponte di Via della Fiera anch'esso ideato *106* e realizzato da gmp. Per il giovane Federico Fellini, al di là dell'Arco di Augusto c'era il nulla: "Il buio della pianura", come si legge *105* nel libro dedicato al suo film *Amarcord* del 1973, ispirato ai ricordi della giovinezza riminese. Oggi il parco è un prezioso polmone verde con percorsi pedonali e ciclabili che servono a raggiungere il centro e il mare. A ovest e a est del nuovo edificio sorge un'altra Rimini, un tessuto che si è sviluppato nel dopoguerra fatto di palazzine residenziali indipendenti, per lo più di due e quattro piani.

L'Auditorium

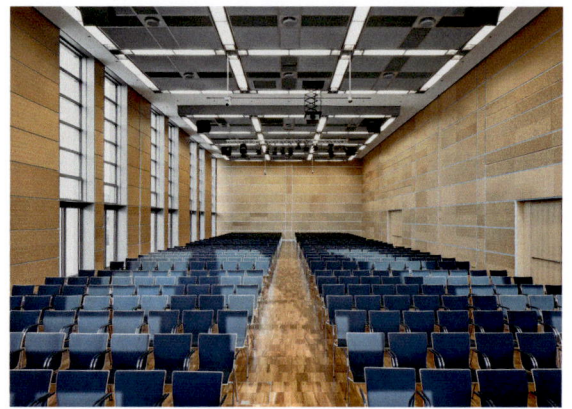
Interno di una delle sale

Il centro congressi è composto dalla Sala della Piazza, un'aula centrale polifunzionale con 4.800 metri quadrati di superficie e un'altezza di 12 metri che può accogliere fino a 5.000 persone. Il complesso ospita inoltre un Auditorium con 1.500 sedute fisse che può essere diviso a metà, oltre a un gran numero di sale più piccole di diverse dimensioni e variamente componibili. Il legno è il materiale più utilizzato per l'allestimento delle sale. L'ampia aula a pianta quasi quadrata è dotata di pareti scorrevoli insonorizzate e può essere suddivisa e utilizzata in vari modi. Il volume si distingue per i grandi lucernari incastonati nella griglia quadrata del soffitto a cassettoni dello spessore di 6 metri, lo stesso delle travi che reggono la copertura. L'intera struttura può ospitare un congresso per 9.000 persone oppure, grazie alla predisposizione di tre accessi indipendenti, eventi minori che si svolgono in simultanea in sale diverse.

L'ingresso principale, con l'ampio foyer vetrato, si apre sul parco che si estende a est insieme alla nuova Via della Fiera. Sopra l'ingresso si libra, come sospeso, il volume a forma di conchiglia dell'Auditorium che guarda verso il mare. L'aula poggia su sostegni inclinati e affusolati a malapena visibili: anche in questo caso si tratta di una struttura portante particolare che è stata sviluppata in collaborazione con lo studio Favero & Milan. Il volume a semicerchio è suddiviso in segmenti e rivestito con elementi in vetro disposti a squame.

111, pagine 148–149
L'Auditorium semicircolare nella "conchiglia"
112, pagine 150–151
La Sala della Piazza

CAPITOLO 4 / CONGRESSI

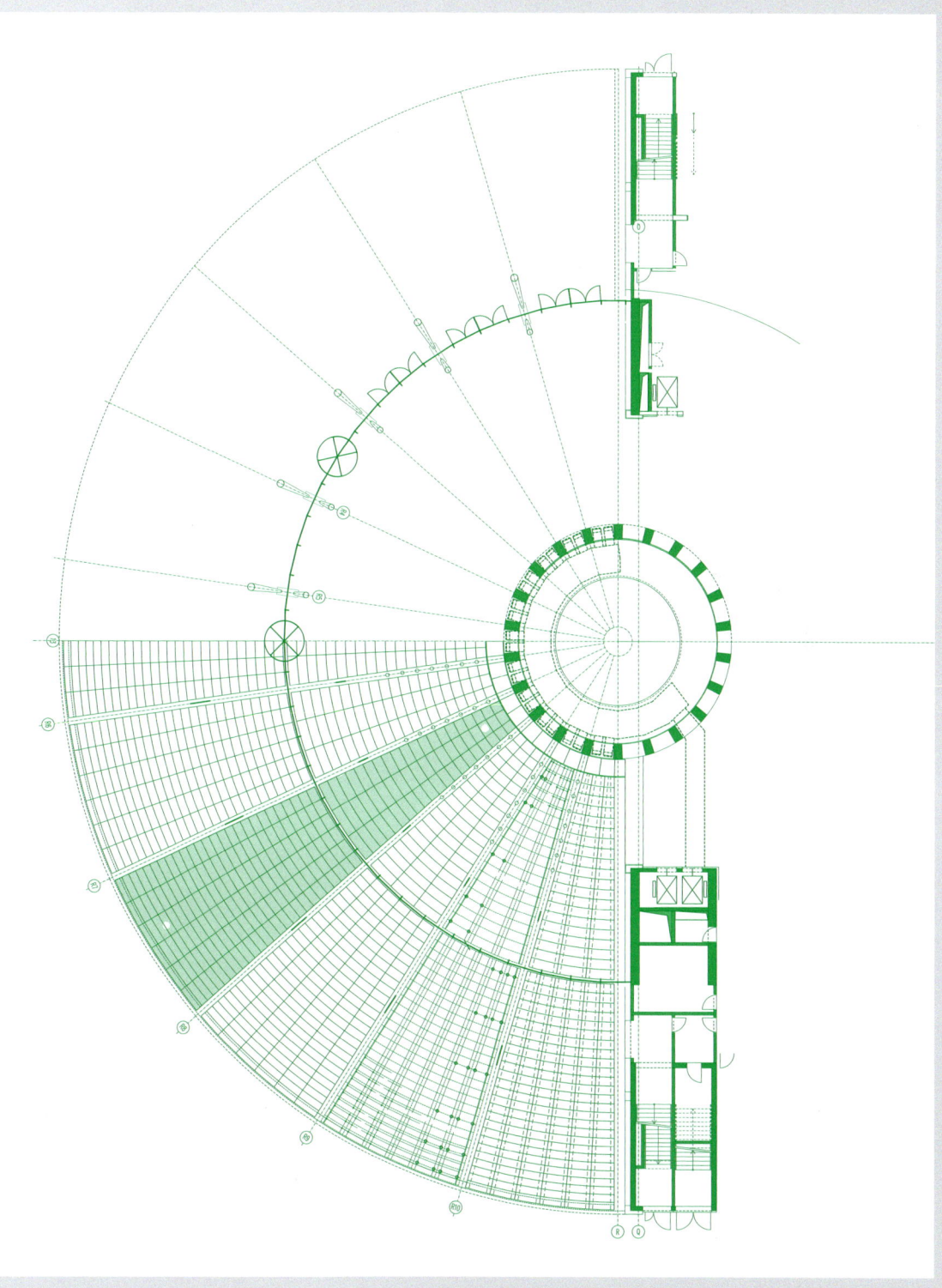

Pianta del piano terra

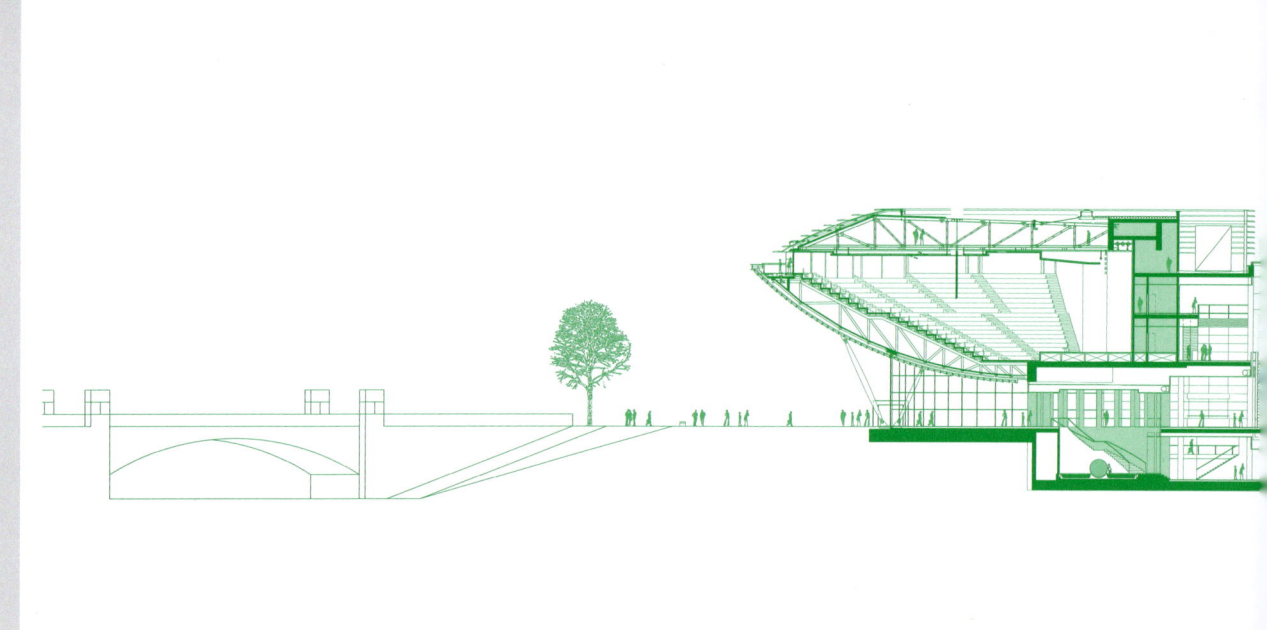

CAPITOLO 4 / CONGRESSI

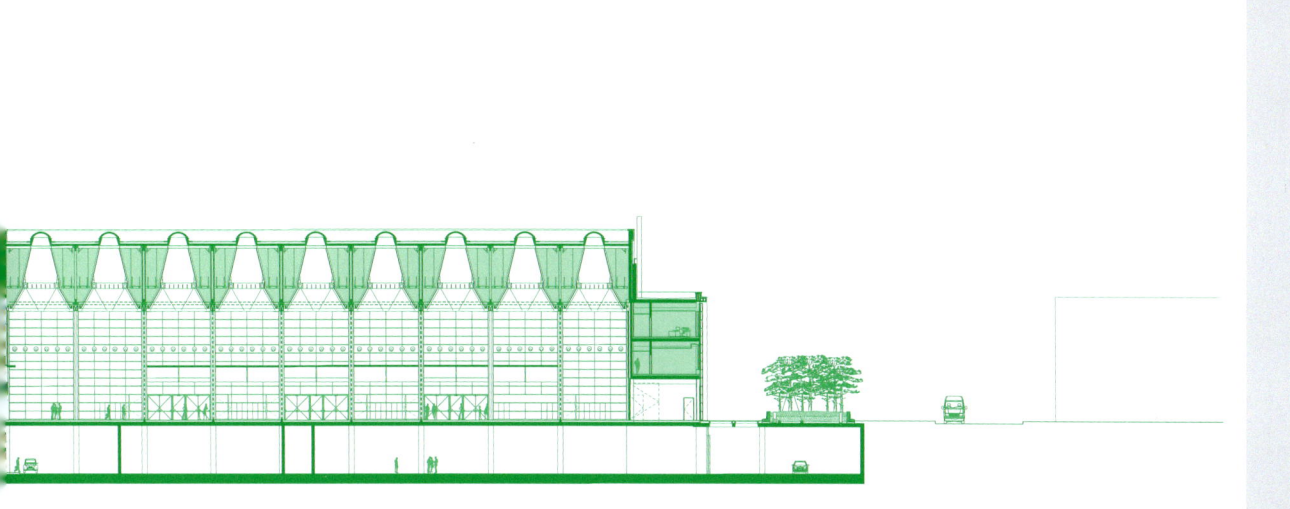

Sezione longitudinale

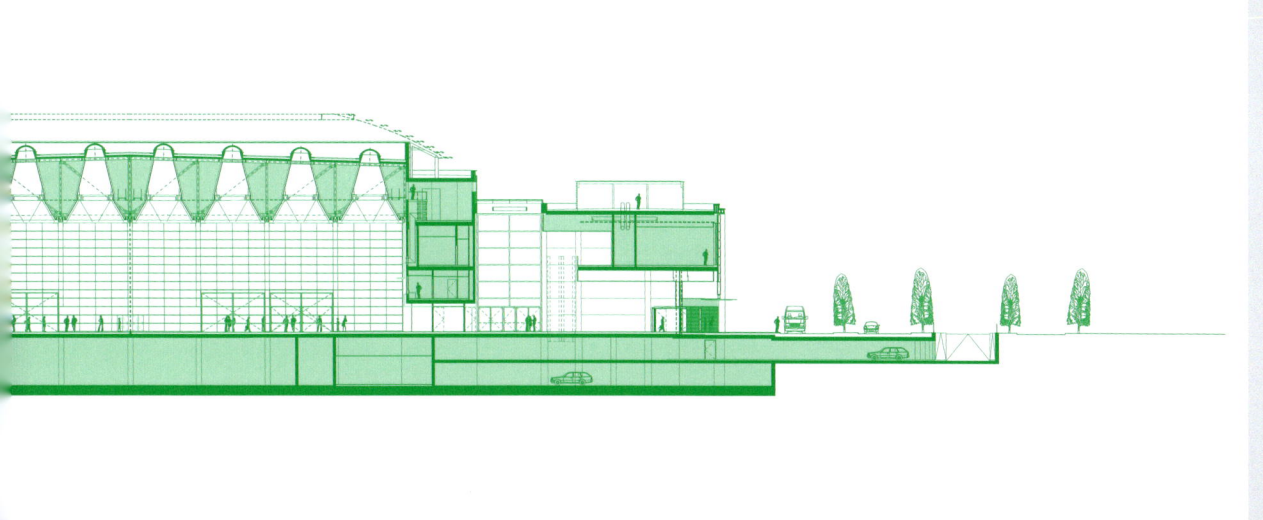

Sezione trasversale

Resti dell'Anfiteatro romano di Rimini

La forma suggestiva dell'aula semicircolare, reminiscenza dell'Anfiteatro romano di Rimini, è diventata una delle icone della città. In epoca romana, l'Anfiteatro a fianco di Via Roma, a sud della stazione ferroviaria, era uno degli edifici più importanti della regione. Oggi ne rimangono solo le vestigia sopravvissute alle demolizioni del Medioevo e ai danni inferti dalla Seconda Guerra Mondiale. Verso la fine della guerra, Rimini fu rasa al suolo per più dell'80%.

Un ampio foyer a forma di "U" circonda l'aula centrale e collega tutte le aree e i livelli del Palacongressi. Il volume è alto e inondato di luce grazie alla copertura in vetro. Funge contemporaneamente da spazio di collegamento con le altre sale di varie dimensioni e da area di sosta dove possono essere allestite le mostre collegate ai congressi. Il tema delle lamelle in vetro è presente negli atri ed è parte integrante del disegno della facciata. Parallelamente a Via della Fiera, l'ala meridionale del complesso è fiancheggiata da un portico a pilastri che forma un ulteriore strato architettonico. A sud è collocato un altro ingresso con un foyer triangolare.

116, pagina 155
Zona di ingresso con copertura in vetro
117, pagine 156–157
Foyer nella "conchiglia"

118, pagine 158–159
Fontana con "La Perla"
119, pagina 160
Il foyer con un'altezza di
12 metri con lucernari in vetro
120, pagina 161
Colonnato lungo
Via della Fiera

Sollevamento della "perla",
pesante diverse tonnellate

L'Auditorium in costruzione

Sotto l'ingresso principale, con l'Anfiteatro sul lato est, si accede al guardaroba centrale attraverso le scale che avvolgono e caratterizzano uno spazio rotondo. Al centro, in mezzo alla fontana, si disvela "La Perla" della "conchiglia", che ruota lentamente sostenuta da un cuscino d'acqua. Con le sue 16 tonnellate di peso è la sfera di granito più grande d'Europa.

I riferimenti del Palacongressi al Genius Loci non si esauriscono con l'Auditorium: le diverse facciate dai riflessi cangianti ricordano le tonalità della battigia bagnata e asciutta, mentre gli elementi vetrati rimandano al colore turchese dell'Adriatico. A differenza di quanto accaduto per la Nuova Fiera, completata in tempi estremamente rapidi, la costruzione del centro congressi ha subito svariati ritardi e l'inaugurazione è avvenuta solo nel 2010. La sala da concerto progettata dall'architetto ticinese Mario Botta avrebbe dovuto fronteggiare il Palacongressi ed essere, come questo, aperta sul parco. Tuttavia, non è stata realizzata e oggi al suo posto sorge un centro commerciale.

123, pagina 163
Fuochi d'artificio per l'inaugurazione
del 15 ottobre 2011

CENTRO CONGRESSI EUR DI ROMA

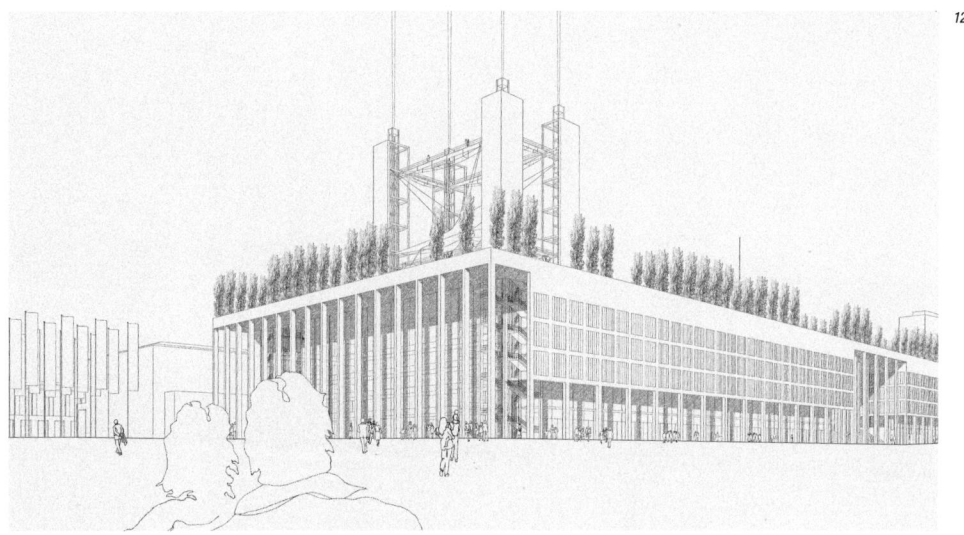

Tetrapilo sopra l'ingresso principale visibile da lontano

Il quartiere dell'EUR, situato nella zona sud-occidentale di Roma, è stato realizzato negli anni Trenta e Quaranta. Si tratta di un monumento architettonico e urbanistico dell'era fascista pianificato per l'Esposizione Universale di Roma (EUR) del 1942. Il progetto del nuovo Centro congressi non solo si integra nel contesto urbano ma, con l'imponenza dei volumi e il rimando razionalista al linguaggio architettonico della Roma imperiale, si inserisce adeguatamente nella scala dimensionale del quartiere. La piazza d'ingresso, i colonnati, la corte con la fontana, i giardini pensili, un importante tetrapilo e altri elementi classici entrano nella composizione del nuovo edificio attraverso una sorta di reinterpretazione moderna e rappresentano un concreto riferimento al Genius Loci. La struttura alta e leggera del tetrapilo, collocata in corrispondenza dell'ingresso principale, è, con la sua installazione luminosa, il segnale visibile da lontano su Via Cristoforo Colombo, l'asse principale del quartiere. Il progetto concede anche molto spazio al verde. La grande aula è collocata sotto i giardini pensili. La copertura accessibile al pubblico è circondata da lunghi filari di cipressi che coronano e concludono l'intera mole del Centro. L'incarico per la progettazione dell'edificio è stato conferito a Massimiliano Fuksas.

Concorso: 1998
Progetto: Volkwin Marg e Eun Young Yi con Clemens Kusch
Non realizzato

Sezione longitudinale

Sezione della grande sala polifunzionale sotto
il tetrapilo e i giardini terrazzati

CENTRO CONGRESSI EUR DI ROMA

CAPITOLO 4 / CONGRESSI

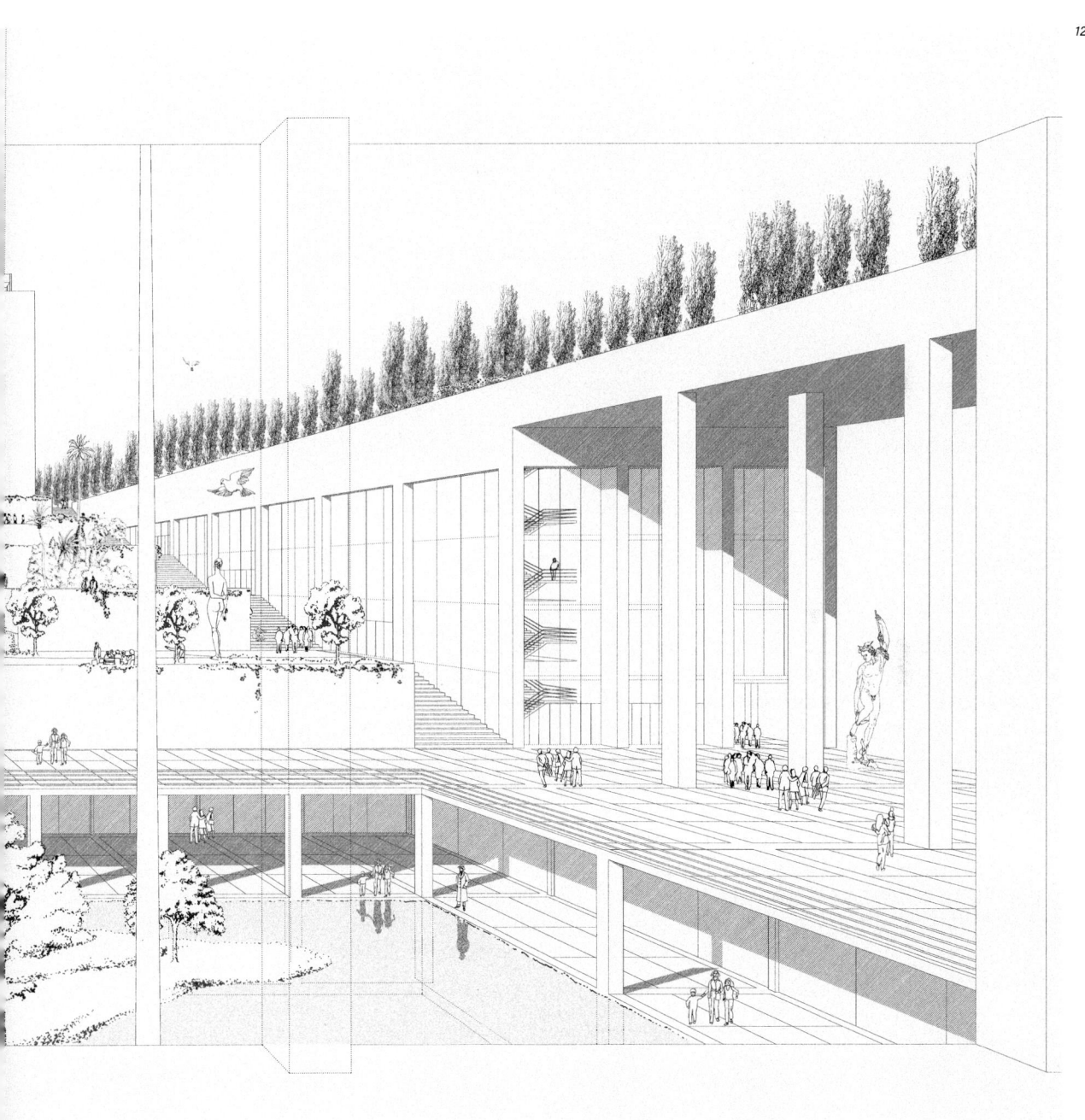

Piazza d'ingresso fiancheggiata da colonnati con
cortile a fontana incassata, giardini terrazzati e tetrapilo

CENTRO ESPOSITIVO E CONGRESSI DI AREZZO

Ingresso ovest

I padiglioni sportivi ed espositivi già esistenti a nord-est del centro di Arezzo sono stati ampliati per formare un piccolo polo per fiere e congressi. Tutte le aree della nuova struttura sono collocate a breve distanza l'una dall'altra e disposte in modo da favorire l'orientamento da parte del visitatore. Sono stati realizzati tre padiglioni espositivi, una sala congressi e concerti a nord-ovest e due edifici direzionali più alti a ovest e a est, ognuno dotato di un nuovo ingresso e di spazi per servizi e ristorazione. I volumi direzionali ospitano gli uffici di Arezzo Innovazione e della Camera di Commercio. L'intero complesso, ora di forma compatta e rettangolare, è circondato da un colonnato di acciaio destinato a essere inverdito. Purtroppo, la committenza non ha dato seguito alla realizzazione di alcune parti dell'ingresso sud tra le nuove sale espositive, dell'ampio cortile aperto e delle strutture esterne con le nuove aree di parcheggio. Di conseguenza, il polo per fiere e congressi mantiene tutt'ora una forma complessivamente incompiuta.

Perizia: 2004
Progetto: Volkwin Marg con Robert Friedrichs
Periodo di costruzione: 2005–2010

Progetto del cortile interno – i colonnati e la fontana non sono stati realizzati

Progetto dell'intera struttura

CENTRO CONGRESSI DI BOLOGNA

Ingresso principale con nuovi colonnati

Uno studio doveva verificare in che misura la sala congressi esistente nei pressi dell'ingresso principale della Fiera di Bologna, opera del 1975 di Melchiorre Bega e Lieuwe Op't Land, potesse essere ampliata e rinnovata per realizzare un centro congressi moderno e funzionale e collegato alla Fiera, considerando anche la possibilità di includere l'adiacente Galleria d'Arte Moderna GAM di Leone Pancaldi, anch'essa del 1975. Contemporaneamente, andava approfondita la possibilità di riqualificare l'intera area di accesso principale alla Fiera, con il viale e il piazzale antistanti, attraverso l'integrazione di spazi verdi. Il progetto prevede l'aggiunta di un nuovo ingresso principale con un foyer di distribuzione tra la sala congressi e la GAM, attraverso il quale raggiungere un nuovo padiglione espositivo e congressuale a due piani. La vecchia sede della GAM è destinata a ospitare sale per eventi di varie dimensioni. L'ampio volume circolare dell'atrio d'ingresso, con la galleria sopraelevata e gli spazi di servizio, costituisce un elemento architettonico di grande richiamo.

Studio preliminare: 2015
Progetto: Volkwin Marg con Robert Friedrichs
Non realizzato

Foyer con sala d'ingresso circolare

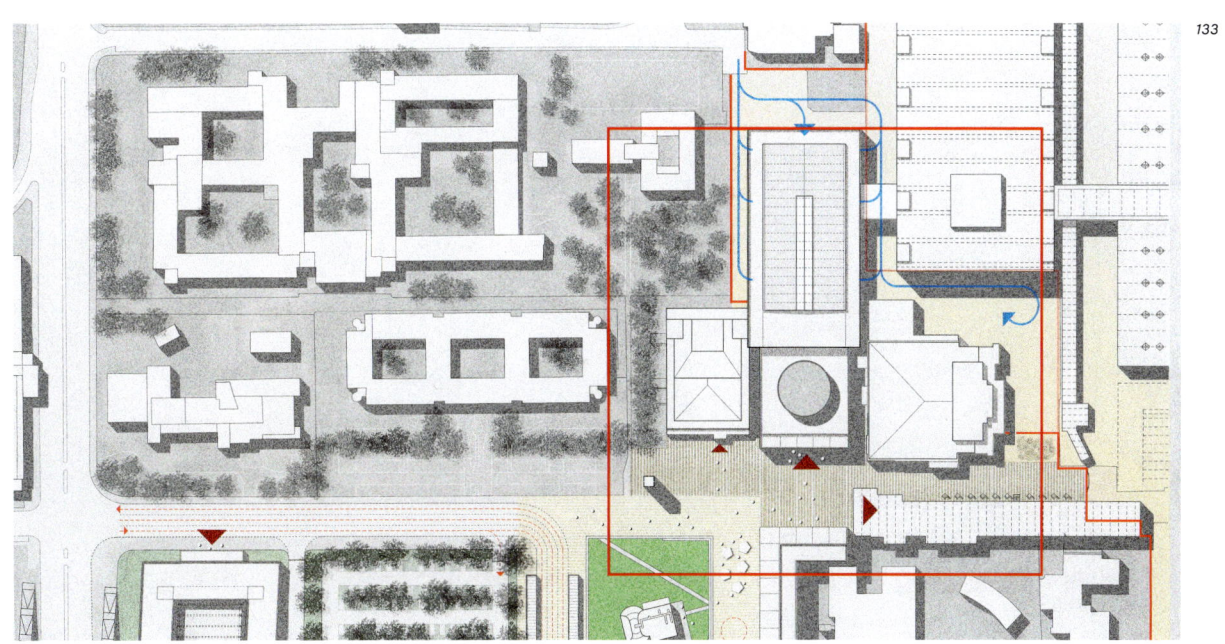
Planimetria del Centro congressi e del nuovo
ingresso del quartiere fieristico

V SPORT

CAPITOLO 5

Pagina 176   **STADIO DRUSO DI BOLZANO**

Concorso di qualificazione con progetto: 2014
Progetto: Meinhard von Gerkan
 e Stephan Schütz con Ralf Dejaco
Periodo di costruzione: 2018–2022

Pagina 196   **STADIO DI CALCIO, SIENA**

Concorso: 2004
Progetto: Volkwin Marg con Stefan Nixdorf
Non realizzato

Pagina 198   **STADIO FRIULI DI UDINE**

Perizia: 2011
Progetto: Volkwin Marg con Robert Friedrichs
Non realizzato

Pagina 200   **PALAZZETTO DEL GHIACCIO DI BRUNICO**

Concorso: 2014
Progetto: Volkwin Marg con Eduard Mijic
Non realizzato

Pagina 202   **STADIO ARTEMIO FRANCHI DI FIRENZE**

Concorso: 2021
Progetto: Volkwin Marg e Hubert Nienhoff
 con Martin Glass
Non realizzato

IL FUTURO DELL'ALTO ADIGE

Stadio Druso di Bolzano

Nerone Claudio Druso è stato un politico e un comandante dell'esercito romano impegnato nelle guerre germaniche di Augusto pochi anni prima della nascita di Cristo. Anche se non si hanno informazioni più dettagliate, pare che nella zona di Bolzano, forse nella parte meridionale dell'attuale centro storico, in epoca romana esistesse una *statio* militare con un *Pons Drusi* che permetteva l'attraversamento dell'Isarco. Oggi, a Bolzano, esistono la trafficata Drususallee e il Ponte Druso. La denominazione è reminiscenza dell'enfasi del periodo fascista nei confronti della tradizione romana. Il ponte, inaugurato nel 1931, che attraversa il Talfer poco prima della confluenza con l'Isarco, serviva soprattutto a celebrare "l'italianità" e la "presenza dell'Impero" a Bolzano: fu scelta una costruzione marcatamente monumentale con grandi colonne portanti centrali in porfido che si ergono sulle quattro pile centrali del ponte. Su ogni colonna troneggiava un'aquila romana che, appollaiata su un globo e un fascio littorio, sovrastava minacciosamente la carreggiata. Le sculture sono state rimosse negli anni Settanta.

Anche lo stadio di Bolzano è stato intitolato al condottiero Druso e sorge 300 metri più a sud del ponte alla confluenza di Talfer e Isarco. Fu realizzato nel 1936 su progetto del poco conosciuto ingegnere Angelo Rossi, ai margini di un quartiere residenziale progettato nello stesso periodo e attraversato da strade con nomi di città italiane, da Arezzo a Venezia. Via Napoli conduce direttamente al portale monumentale della facciata principale dello stadio. Il portale concavo su entrambi i lati è scandito da quattro alte semicolonne sulle quali poggia un possente architrave. A destra e

136
Ponte Druso, ca. 1932

135
Nerone Claudio Druso

137
Piscina "Lido"

sinistra si sviluppano due facciate più basse con modanature semplici e aperture con grate in stile romano antico. Dietro questa facciata protetta da vincolo di tutela si apre la tribuna principale "Zanvettor" – Christian Zanvettor è stato un noto calciatore professionista di Bolzano morto in giovane età. Nelle vicinanze sorge la sede della "Gioventù Italiana del Littorio" (GIL), eretta nel 1934 su progetto di Francesco Mansutti e Gino Miozzo, un esempio molto significativo della corrente architettonica razionalista dell'epoca. Insieme allo stadio Druso e alla piscina "Lido", formava un complesso urbanistico destinato ad accogliere avvenimenti sportivi e raduni. Sullo sfondo si erge imponente la balza boscosa del Virgolo con la chiesa del Santo Sepolcro.

138, pagina 179
Facciata principale del 1936 protetta da vincolo di tutela, con l'ampliamento della tribuna

139, pagine 180–181
La nuova tribuna "Zanvettor"
140, pagina 182
La parte inferiore della
copertura della tribuna è rivestita
con lamelle di alluminio

Uno spogliatoio

Oggi lo stadio è utilizzato dal Fussball Club Südtirol per le partite giocate in casa. Pur avendo sede a Bolzano, il Club è considerato come la società calcistica dell'intero Alto Adige e si era posto l'obiettivo della promozione nella seconda lega italiana. Per soddisfare i criteri della Serie B, lo stadio necessitava di una completa ristrutturazione. Dopo un concorso di qualificazione con referenze e un progetto preliminare, la joint venture tra Dejaco+Partner e gmp si è aggiudicata l'incarico nel 2016. Il risultato è stato la trasformazione del precedente impianto polifunzionale in uno stadio esclusivamente dedicato al calcio in linea con i requisiti attuali. Con la prima fase d'intervento si è provveduto ad avvicinare le due tribune esistenti al campo da gioco e ad allungarle. Il numero di posti a sedere è passato da 3.100 a circa 5.500. Riqualificazione, ristrutturazione e ampliamento dello stadio sono stati caratterizzati da una particolarità: l'accurata integrazione della facciata monumentale vincolata. La tribuna principale, la "Zanvettor", è stata completamente ricostruita con i volumi sottostanti e una copertura a sbalzo in modo da poter soddisfare tutti i requisiti architettonici richiesti per le partite di Serie B. Nella fattispecie, un migliore allestimento degli spazi destinati a ospitare le squadre, la sala stampa, uno spazio per i giornalisti affacciato sul campo da gioco, oltre allo store per i tifosi e strutture di ristorazione con un percorso separato. Inoltre, sono state ricavate un'area commerciale e una sala che può essere utilizzata anche per eventi non collegati all'attività calcistica.

STADIO DRUSO DI BOLZANO

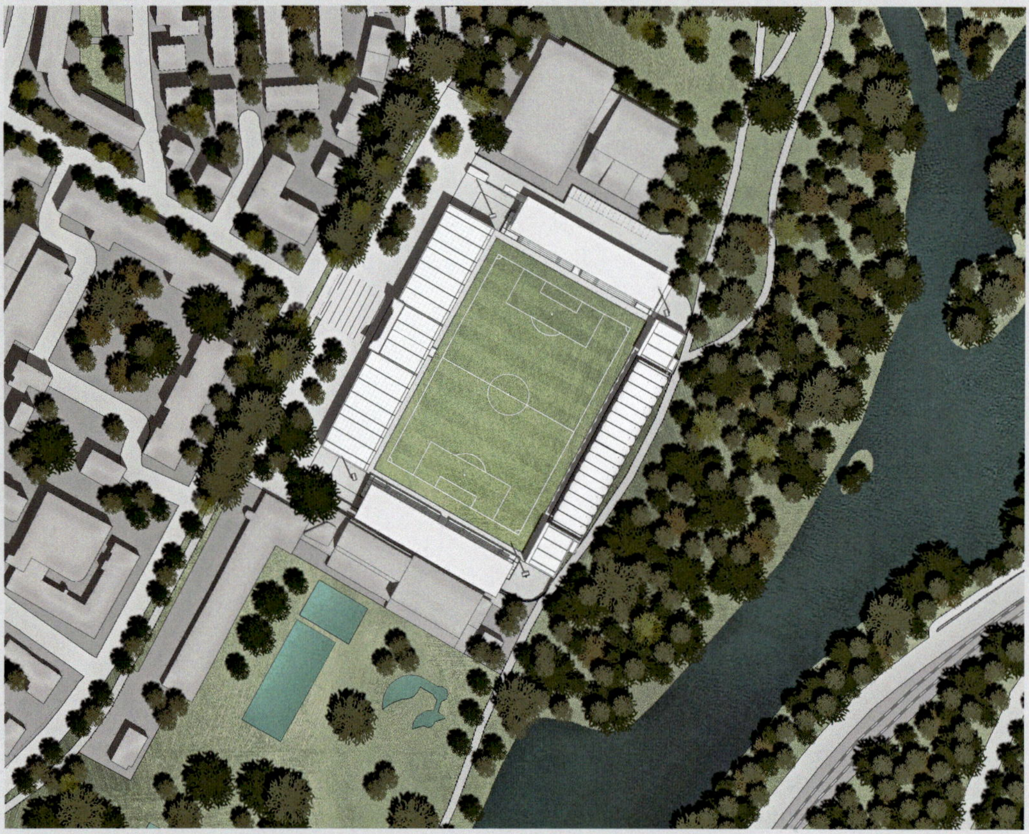

Planimetria

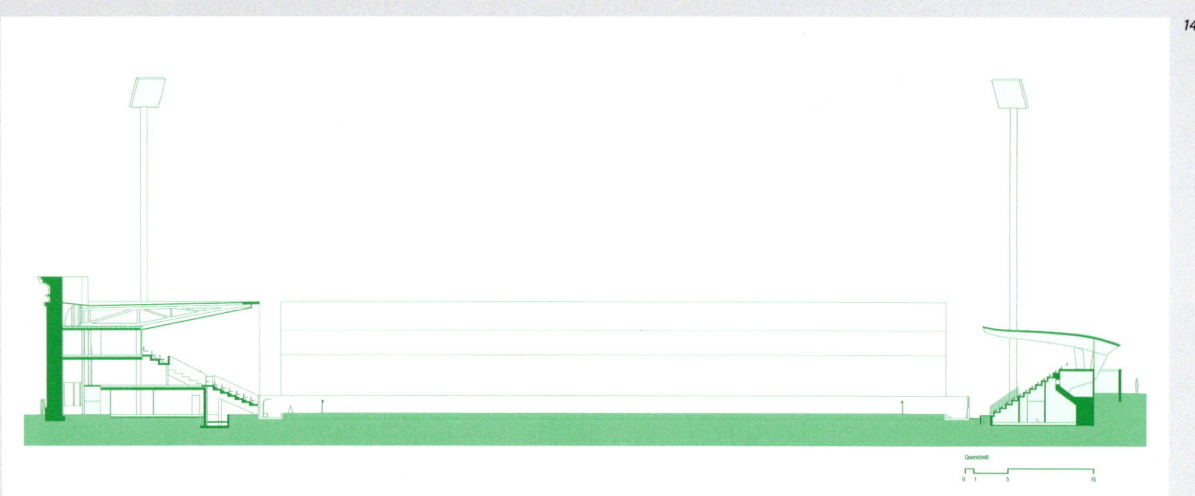

Sezione della vecchia e della nuova tribuna

144

Demolizione della vecchia tribuna

145, pagine 186–187
Calcestruzzo a vista con fascia finestrata sul fronte esterno dell'antico portale
146, pagina 188
Dialogo tra antico e nuovo
147, pagina 189
Accesso della nuova tribuna
148, pagine 190–191
Vista della tribuna "Canazza" conservata

L'articolazione esterna della tribuna principale riprende le proporzioni della facciata storica fino all'architrave. Le travi reticolari in acciaio della copertura della tribuna sono rivestite con lamelle in alluminio sull'intradosso rivolto verso il campo da gioco. In origine era prevista una membrana retroilluminata che non è stato possibile realizzare per motivi economici poiché il budget era molto limitato. Nel complesso, il nuovo design della tribuna ottiene un effetto di semplicità stereometrica che continua in modo coerente anche all'interno dello stadio. Sul fronte esterno, a destra e a sinistra del portale originario, la struttura del tetto è nascosta da una fascia di finestre a nastro incastonata nella superficie di calcestruzzo a vista. In questo modo la nuova costruzione, tramite la facciata principale, tematizza con linguaggio limpido il dialogo tra il vecchio e il nuovo senza troppi adattamenti e, contemporaneamente, restituisce l'immagine di un insieme. Per Stephan Schütz e Ralf Dejaco, non si è cercato "né un ampliamento armonizzante né, all'altro estremo, un antagonismo didascalico, ma una chiara differenziazione estetica accompagnata da un preciso riferimento nei particolari".

STADIO DRUSO DI BOLZANO

Prova di carico statico
della tribuna "Canazza"...

... con sacchi di cemento
da 25 chilogrammi

L'antistante tribuna "Canazza", più sottile e bassa, è stata mantenuta al suo posto con la caratteristica copertura a gusci voltati di calcestruzzo, e ristrutturata e affiancata a destra e sinistra da due aggiunte con una struttura semplificata del tetto. Inoltre, l'inclinazione della tribuna è stata modificata in modo tale da rendere non necessaria una recinzione di sicurezza sulla facciata rivolta verso il campo, migliorando notevolmente la qualità dei posti a sedere per gli spettatori. Il risultato è un grande blocco uniforme che si estende fino ai bordi esterni del campo e che, con una forma architettonica semplice e decisa, rappresenta un adeguato bilanciamento rispetto alla tribuna principale. Anche in questo caso, il nome della tribuna ricorda un calciatore professionista di Bolzano morto troppo giovane: Albano Canazza.

Il progetto prevede l'aggiunta di una tribuna Nord e una Sud dietro le due porte del campo, in modo da generare un quadrilatero chiuso in grado di ospitare fino a 10.000 spettatori. Gli architetti hanno sviluppato un sistema costruttivo modulare che si adatta alle tribune "Zanvettor" e "Canazza" e consente una seconda fase realizzativa senza complicazioni. Ora tutto dipende dai successi del Club che gode del supporto di molti nuovi tifosi sparsi per tutto l'Alto Adige. Per lo meno, in questa stagione e per la prima volta nella sua storia, la squadra gioca in Serie B, in linea con gli obiettivi indicati per il nuovo stadio.

151, pagina 193
Differenziazione visiva tra il nuovo
edificio e quello esistente
152, pagine 194–195
La tribuna esistente illuminata
con il Virgolo sullo sfondo

STADIO DI CALCIO, SIENA

Lo stadio immerso nel paesaggio collinare della Toscana

Lo stadio di Siena doveva essere costruito a circa sei chilometri dalla città, in direzione sud-est. Per questo progetto è stato adottato un approccio unico e originale: non si cercava solo un attento inserimento nel paesaggio ma si voleva garantire al pubblico sugli spalti la massima visuale sull'ambiente circostante. L'idea era di realizzare uno "stadio paesaggio": un'architettura armonicamente integrata nella collina toscana solcata da filari di ulivi e di cipressi. Oltre all'inserimento ottimale delle tribune da 20.000 spettatori nelle curve di livello del terreno, il progetto offriva anche un'altra particolarità: il cosiddetto "Anello di Saturno", sospeso sopra lo stadio per chiuderlo in modo circolare. La struttura reticolare del tetto è costituita da una intelaiatura in legno suddivisa in segmenti radiali di 4,5-9 metri × 5 che poggiano sulle travi a forcella in acciaio di 32 piloni. Era prevista la sola copertura dell'anello sulla parte occidentale dello stadio, pur essendo di facile realizzazione anche la copertura completa dell'impianto. Il progetto dello stadio non è stato costruito per volontà della società ACN Siena.

Concorso: 2004
Progetto: Volkwin Marg con Stefan Nixdorf
Non realizzato

La copertura dello stadio è costituita da una struttura circolare a traliccio di pali di legno

STADIO FRIULI DI UDINE

Vista dalla tribuna centrale

Lo stadio Friuli degli anni Settanta, nei pressi di Piazzale Repubblica Argentina a nord-ovest della città, era un'arena per l'atletica leggera parzialmente coperta, che non rispondeva più alle esigenze commerciali e ai requisiti funzionali di uno stadio moderno, sia dal punto di vista della protezione atmosferica sia dal punto di vista pratico. L'incarico di consulenza è sfociato nel progetto di alcuni interventi finalizzati a convertire la struttura in uno stadio da calcio puro. Era previsto lo spostamento del campo da gioco in prossimità della tribuna principale e la costruzione di nuove tribune a diretto contatto con il campo. Inoltre, era prevista l'integrazione di nuove strutture di servizio interne per adeguare l'impianto al regolamento UEFA. L'unica parte che il progetto prevedeva di conservare era l'ampia e significativa copertura ad arco della tribuna principale, opera di Lorenzo Giacomuzzi Moore. In armoniosa dialettica con le coperture leggere e diafane delle altre tribune, quell'opera rappresenta un segno architettonico di grande interesse per lo stadio dell'Udinese Calcio, oggi in serie A, che prende il nome di Dacia Arena. Il progetto è stato realizzato da Archea Associati di Firenze.

Perizia: 2011
Progetto: Volkwin Marg con Robert Friedrichs
Non realizzato

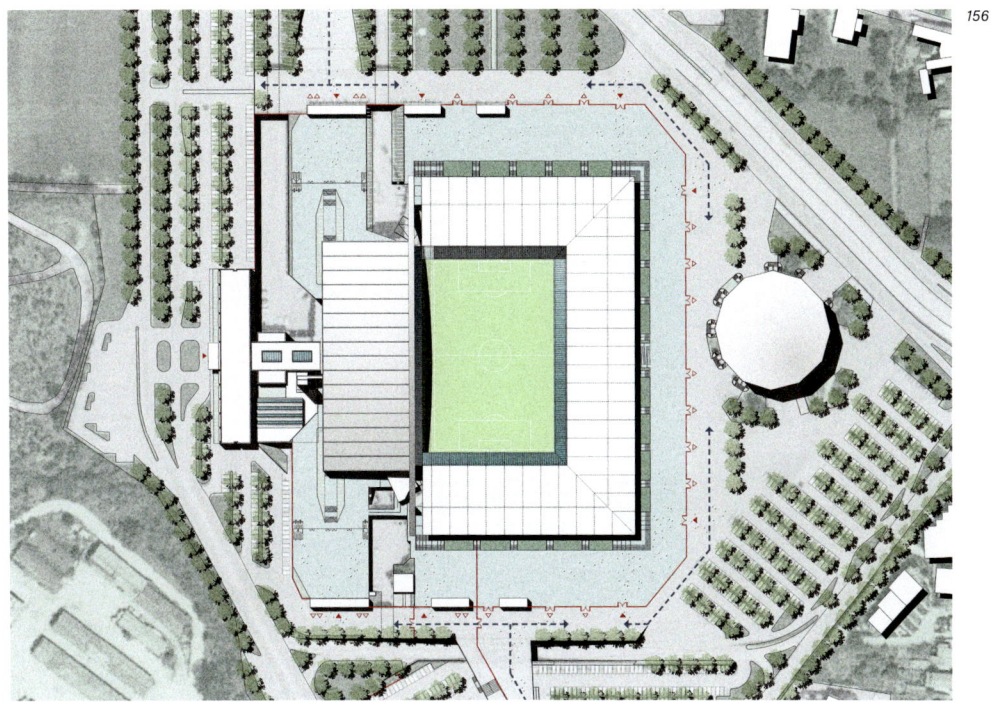

Planimetria con la tribuna centrale esistente
e le nuove tribune

Vista in sezione della tribuna e sezione trasversale

PALAZZETTO DEL GHIACCIO DI BRUNICO

Tetto a sbalzo con struttura "Zollinger"

Il palazzo del ghiaccio era destinato a diventare l'architettura di riferimento della città di Brunico, nella parte altoatesina della Val Pusteria. Il nuovo padiglione a sud-ovest del centro urbano avrebbe attirato la curiosità e l'attenzione di passanti e visitatori grazie al segno architettonico della copertura a sbalzo e alla trasparenza della grande facciata in vetro. L'elemento caratteristico della costruzione è rappresentato, sia all'interno sia all'esterno, dalla copertura lignea nervata a rombi realizzata con il metodo "Zollinger". Il legno rappresenta il materiale da costruzione più importante e sostenibile di cui la regione disponga. In seguito al concorso, il progetto è stato realizzato dallo studio CeZ Calderan Zanovello di Bolzano.

Concorso: 2014
Progetto: Volkwin Marg con Eduard Mijic
Non realizzato

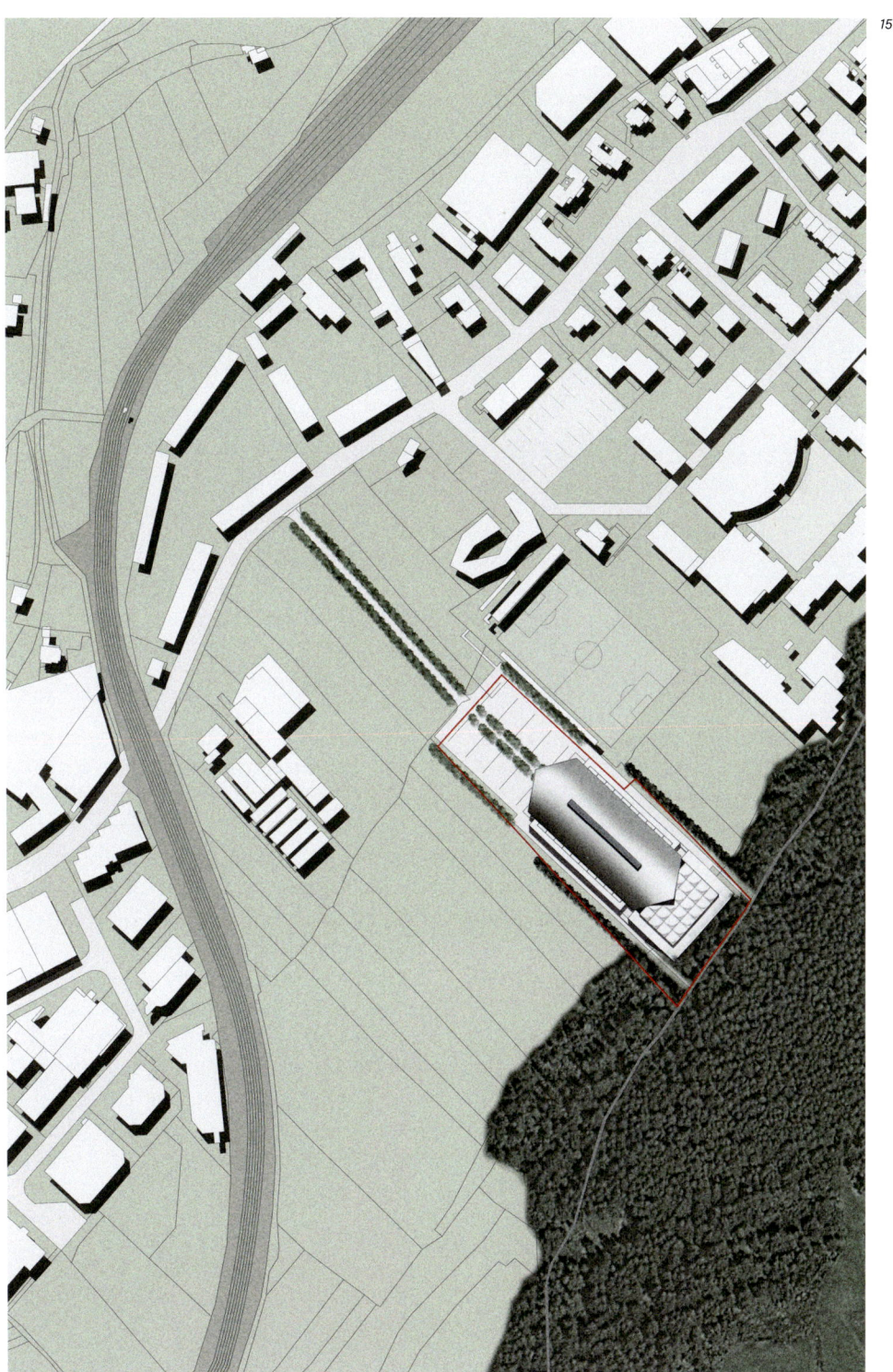

Planimetria

STADIO ARTEMIO FRANCHI DI FIRENZE

Lo stadio di Nervi con le caratteristiche scale elicoidali

Lo stadio Artemio Franchi, costruito tra il 1930 e il 1932 nel parco del centro sportivo di Campo di Marte, è considerato una delle opere più innovative di Pier Luigi Nervi. L'obiettivo del concorso era quello di aggiungere una nuova tribuna compatta per 40.000 spettatori alla forma geometrica originariamente allungata dello stadio, nel completo rispetto delle caratteristiche e dell'identità del bene monumentale. Attraverso la simbiosi tra i due strati dello stadio, nel nuovo spazio intermedio si genera un terzo strato che è frutto del dialogo tra storia e nuove esigenze. Un caratteristico giardino dona nuova vita alle vecchie scale elicoidali d'accesso delle tribune nord e sud e conferisce loro una nuova funzione sostenibile, mentre nello spazio sottostante vengono inseriti un museo, locali di servizio e aree per il pubblico con zone per la ristorazione. In questo modo la struttura diventa parte integrante del tessuto urbano e svolge un ruolo attivo nella vita quotidiana del quartiere anche al di fuori delle partite in Serie A della Fiorentina. Il progetto era stato selezionato tra i finalisti del concorso in due fasi, ma è stato successivamente escluso dalle valutazioni per motivi formali. Il concorso è stato vinto da un gruppo di progettisti guidato da Arup Italia. L'aggiudicazione non ha però concluso l'acceso dibattito sullo stadio e sull'intera area.

Concorso: 2021
Progetto: Volkwin Marg e Hubert Nienhoff con Martin Glass
Non realizzato

(in alto) Gli spalti delle curve nord e sud diventano un paesaggio di giardini terrazzati
(in basso) Museo del calcio nello spazio sottostante la tribuna laterale sud

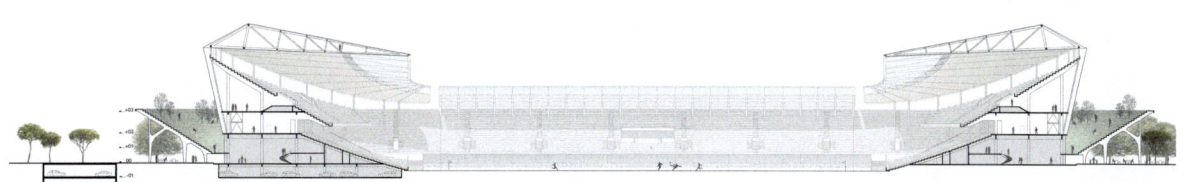

Sezione tra il vecchio e il nuovo stadio

STADIO ARTEMIO FRANCHI DI FIRENZE

COSTRUIRE IN ITALIA – ESPERIENZE

Progetto di parco urbano aperto con impianti sportivi integrati nel cuore della città di Firenze, densamente edificata

CAPITOLO 6 / INDUSTRIA

VI INDUSTRIA

TECNOPOLO DI BOLOGNA
Concorso: 2012 – 1° premio / Masterplan
Incarico diretto: 2013 / fase di costruzione 1, edificio di ricerca e amministrazione, e fase di costruzione 2, edificio di servizio
2016 / fase di costruzione 3, ECMWF
2018 / fase di costruzione 4, CINECA-INFN
2020 / fase di costruzione 5, istituti di ricerca
Progetto: Volkwin Marg con Robert Friedrichs
Periodo di costruzione: 2022–2025 / fase di costruzione 1
2017–2020 / fase di costruzione 3
2020–2023 / fase di costruzione 4
2022–2025 / fase di costruzione 5

164

DAL TABACCO AL THINK TANK
Tecnopolo di Bologna

Copia del
Pavillon de l'Esprit Nouveau

Chi si aspetterebbe di trovare il Pavillon de l'Esprit Nouveau di Le Corbusier a Bologna? La sorpresa è grande quando si scopre che il leggendario edificio espositivo parigino del 1924 sorge in un quartiere settentrionale della città. Il padiglione è stato realizzato nel 1977 con il supporto della Fondation Le Corbusier e del suo ex collaboratore José Oubrerie. La replica è stata costruita all'ingresso principale del quartiere fieristico in occasione del SAIE, la Fiera internazionale dell'edilizia, ed è stata accuratamente restaurata qualche anno fa.

La meraviglia è grande anche in prossimità del secondo ingresso della Fiera, quello sul lato sud. Qui svettano vari edifici realizzati dalla matita di uno dei più grandi architetti del secolo scorso e grande ammiratore di Le Corbusier: Kenzō Tange. Anche queste torri, che ospitano l'amministrazione regionale dell'Emilia-Romagna ai margini del quartiere della Fiera, sono state innalzate negli anni Settanta. Il complesso è stato ultimato 12 anni fa con il completamento dell'ultimo edificio che adotta un linguaggio architettonico simile a quello degli altri.

Modello delle torri per uffici di Kenzō Tange

166   Le torri di Kenzō Tange, ascritte alla corrente dello strutturalismo in cemento armato, con le loro facciate a griglia e i cilindri ciechi agli angoli facevano parte del progetto "Bologna 1984", il nuovo quartiere urbano che l'architetto giapponese progettò nel 1967 nella zona della Fiera. Una visione urbanistica che travalicava l'area del centro storico di Bologna ed era costellata di torri, costruzioni basse, stecche e strade sopraelevate. Una visione che ancora oggi è difficile da immaginare. L'allora Sindaco e poi Presidente della Regione Guido Fanti ne fu entusiasta, anche se non tutti in città erano convinti di questa "globalizzazione" di Bologna. Nel 2016 gmp elaborò un piano attuativo per la riorganizzazione e l'ampliamento della Fiera e alcune varianti per la zona di ingresso con l'integrazione del Pavillon.

Cap. 1, p. 62

Cap. 4, p. 170

L'attenzione degli appassionati di architettura è attratta anche da un vasto complesso di costruzioni opera di Pier Luigi Nervi, la Manifattura Tabacchi di Bologna, che sorge presso la bretella di accesso all'A14 a nord della Fiera. Il celebre architetto e ingegnere progettò gli edifici a partire dal 1949, dopo che la vecchia fabbrica

164

167, pagine 214-215
L'edificio Lavorazioni, con tetto
a volte e vani scala vetrati
168, pagine 216-217
Le Botti
169, pagine 218-219
Masterplan

del XIX secolo, nel centro della città, fu in gran parte distrutta dalle bombe della Seconda Guerra Mondiale. Nervi realizzò parte delle costruzioni con la propria impresa, ragion per cui appaiono solitamente sobrie rispetto a quelle di rappresentanza più note.

L'edificio Ballette, di cinque piani e lungo 210 metri, risale al 1953 e costituisce la spina centrale sul lato ovest. Per la realizzazione della struttura piana dei solai, Nervi sviluppò casseforme speciali – quasi contemporaneamente ai solai del lanificio Gatti a Roma – che permisero il getto in un unico pezzo del sistema portante compatto con una struttura nervata in ferrocemento. Il sistema permetteva di coprire con 12 celle una campata quadrata inscritta nella maglia strutturale principale. Oltre al solaio finemente articolato e alla leggerezza della pensilina di quest'edificio a stecca, sono degni di interesse anche l'edificio Lavorazioni, che si allarga verso l'alto, e quattro corpi scala strutturalmente imponenti, parzialmente vetrati, che servono a superare una delle strade di accesso allo stabilimento. L'edificio principale è inoltre fronteggiato dalle Botti, una serie di padiglioni con copertura a volte, anch'essi realizzati da Nervi ma in seguito leggermente modificati. L'insieme è quindi eterogeneo e colpisce per la struttura particolare dei singoli fabbricati.

Nel 2004 la Manifattura Tabacchi è stata venduta a British American Tobacco (BAT). Tuttavia, l'azienda ha rinunciato alla proprietà del sito dopo soli cinque anni e la Regione Emilia-Romagna ha infine rilevato i volumi ormai in gran parte vuoti. L'istituzione aveva da tempo messo gli occhi sull'area tra Via Stalingrado a est e Via Ferrarese a ovest, ma dovette attendere molto tempo per verificare lo stato di conservazione e le potenzialità degli edifici in coordinamento con l'amministrazione comunale e la Soprintendenza. Alla fine del processo di verifica è stato sviluppato un progetto coerente integrato da nuove costruzioni e denominato Tecnopolo. In Emilia-Romagna esistono già altri tecnopoli, ma in questo caso in particolare si tratta della realizzazione di un centro tecnologico, con una superficie utile di 110.000 metri quadrati, per il quale la Regione e la Società Finanziaria Bologna Metropolitana SpA hanno indetto un concorso internazionale in due fasi nel 2011.

214 TECNOPOLO DI BOLOGNA

216 TECNOPOLO DI BOLOGNA

217 CAPITOLO 6 / INDUSTRIA

TECNOPOLO DI BOLOGNA

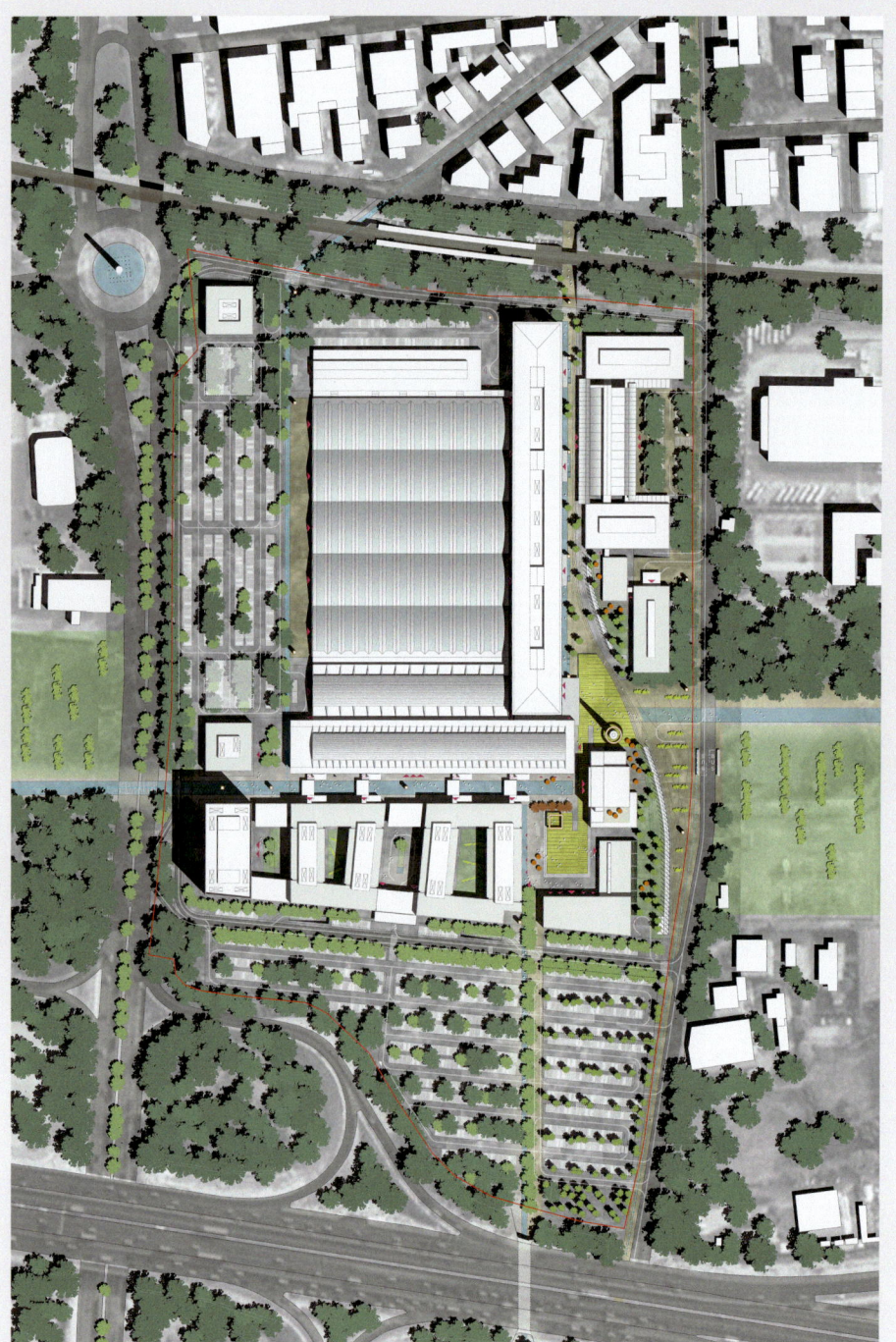

Planimetria

Il fumaiolo in mattoni, emblema del Tecnopolo

Volkwin Marg non riesce a nascondere l'entusiasmo quando si tratta dell'opera di Pier Luigi Nervi. La gioia fu tanto più grande quando, nel 2012, venne annunciato l'esito della gara e il primo premio fu assegnato a gmp. Al concorso avevano partecipato tra gli altri anche OMA, Boris Podrecca e Massimiliano Fuksas. Il Masterplan di gmp fu molto convincente per l'attenzione e il rispetto dimostrati nei confronti dei monumenti industriali e architettonici, per la chiara articolazione delle funzioni e per l'aggiunta di una serie di nuovi edifici previsti prevalentemente nella parte settentrionale e orientale verso Via della Manifattura e Via Stalingrado. Il piano prevedeva un ampio spettro di funzioni: padiglione espositivo, laboratori, uffici e un incubatore d'impresa a scopo di ricerca collegato all'università, oltre a strutture didattiche come auditorium e istituti universitari. A questi si aggiungevano strutture congressuali con un hotel e altri servizi, tra cui un asilo, negozi e ristoranti.

Come previsto nella proposta iniziale di gmp, il Masterplan si sviluppa come le pale di un mulino a vento intorno a una piazza centrale segnata dal piccolo corpo dell'ex centrale elettrica con il landmark del fumaiolo. La snella ciminiera costruita con i tradizionali mattoni rossi di Bologna è allestita artisticamente per farne il nuovo emblema del Tecnopolo. Lo sviluppo dei quattro assi viari di accesso al sito segue invece le fasi del cantiere. I vecchi edifici sono stati adeguati dal punto di vista sismico ed energetico e in gran parte ripristinati dal punto di vista non solo architettonico ma anche cromatico. L'adeguamento delle volte dei padiglioni di Nervi alla normativa antisismica corrente non si è affatto rivelato un compito facile.

Prospetto nord

Prospetto est

Prospetto sul viale interno

Prospetto ovest

176
Riconversione delle sale
con tetto a volte

177, pagina 227
Sala Nervi trasformata in centro informatico
178, pagine 228–229
Interno dell'edificio denominato Ballette, non ancora ristrutturato, con i soffitti di Nervi in ferrocemento
179, pagine 230–231
Facciate in vetro delle sale ristrutturate con tetto a volte
180, pagina 232
Calcolatori ad alte prestazioni non ancora in funzione

Dopo aver elaborato più di una variante, è stato infine individuato un metodo che non avrebbe compromesso l'estetica delle coperture. Nel 2022 è stata avviata la costruzione dei nuovi edifici di completamento che giocano con diversi ritmi di facciata citando lo storico ingresso principale collocato a nord. Per quanto riguarda il colore, si distinguono volutamente dall'esistente grazie all'uso sapiente del travertino in facciata.

La città e la regione sono stati baciati dalla fortuna perché, nel 2020, nei quattro padiglioni a volta riportati al loro splendore con le vetrate orientali accuratamente incastonate, è entrata in funzione un'attività inizialmente non prevista che costituisce una parte fondamentale del Tecnopolo: il Data Centre con gli elaboratori ad alta prestazione del Centro europeo per le previsioni meteorologiche a medio termine (ECMWF) che è in grado di elaborare i modelli previsionali per l'atmosfera globale e per gli oceani. L'attività, particolarmente prestigiosa di un'organizzazione internazionale come il ECMWF si combina perfettamente con il Tecnopolo. Bologna si è aggiudicata la gara per trasferirne la parte più importante da Reading, vicino a Londra, in località interne all'Unione Europea. Nel 2023 è stato inaugurato un altro padiglione con tetto a volta insieme all'adiacente padiglione che ospita il supercomputer Leonardo del Consorzio interuniversitario CINECA. I locali con i calcolatori sono stati inseriti nei padiglioni sotto forma di grandi parallelepipedi rossi. Il collegamento sotterraneo tra i box e in direzione dell'infrastruttura tecnologica ha richiesto un grande sforzo, mentre lo scheletro portante della struttura di Pier Luigi Nervi è rimasto praticamente intatto.

CAPITOLO 6 / INDUSTRIA

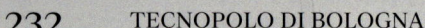

I calcolatori sono stati attivati
per la prima volta nell'ottobre 2022

Inaugurazione del centro
di calcolo il 24 novembre 2022

Nell'ex edificio principale della Manifattura Tabacchi si trasferiranno diversi istituti di ricerca e di formazione. La torre direzionale collocata originariamente da gmp all'estremità nord-est per il momento non verrà realizzata.

Con questo progetto la municipalità di Bologna ha voluto anche valorizzare la rete infrastrutturale, per collegare al meglio il Tecnopolo alla città e con i diversi altri luoghi dedicati alla ricerca e alla conoscenza. L'obiettivo, più in generale, è di fare in modo che il Tecnopolo possa essere integrato nella città e reso accessibile anche al pubblico. In passato, la Manifattura Tabacchi è sempre stata impenetrabile e sotto stretto controllo doganale. Con il completamento delle infrastrutture esterne, l'apertura si rivelerà un grande valore aggiunto per tutti i quartieri del versante settentrionale. Soprattutto va sottolineata ancora una volta l'impostazione urbanistica con quattro assi di collegamento, diversi tra loro per forma e funzione: verso nord il collegamento con il verde e i parcheggi, verso est il collegamento con la Fiera che interseca le scale di Nervi, a sud il tratto verso i binari predisposti ad accogliere la futura stazione della metropolitana di superficie e, a ovest, l'accesso principale al quartiere della Bolognina con la doppia piazza baricentrica. L'intersezione degli assi, in corrispondenza dell'ex centrale elettrica, con ristoranti e spazi verdi all'aperto è destinata a diventare una piazza urbana attrattiva e animata con piccoli esercizi a servizio della comunità che frequenta il complesso, un luogo a cavallo tra presente e passato. In questo modo si completerà quanto già previsto da gmp in fase di concorso.

La squadra in cantiere

Volkwin Marg e il suo team hanno portato avanti con grande impegno i progetti per la conversione e l'ampliamento del complesso. Con il Tecnopolo si realizzerà una diversa mondializzazione di Bologna, senza ostentazione architettonica.

La conversione sta procedendo però molto lentamente tra una moltitudine di partner e di vincoli, tra direttive complesse e mutevoli, e difficoltà di finanziamento. Dieci anni dopo la vittoria del concorso, le fasi di realizzazione continuano a subire ritardi a causa dell'intricato e complicato sistema italiano degli appalti pubblici. Le imprese si aggiudicano le gare con cospicui ribassi e poi, prima di cominciare, litigano per anni richiedendo compensi maggiorati.

Questo significa che con l'amministrazione pubblica italiana occorre un'infinita pazienza. Ma il fatto che gmp sia ancora impegnato con questo progetto dopo così tanto tempo dimostra la forza e la validità del Masterplan: non a caso il progetto si era aggiudicato il primo premio nonostante il confronto con altre proposte in alcuni casi veramente ardite.

184, pagina 235
La qualità degli edifici di Nervi deve rimanere riconoscibile

VII CULTURA

Pagina 240   COPERTURA DELL'ARENA DI VERONA

Concorso: 2017 – 1° premio
Progetto: Architekten von Gerkan, Marg und Partner
  e schlaich bergermann partner (sbp)
  gmp: Volkwin Marg e Hubert Nienhoff
    con Martin Glass e Nikolai Reich
  sbp: Knut Stockhusen e Knut Göppert
    con Daniel Gebreiter e Chih-Bin Tseng
Non realizzato

VII — CAPITOLO 7 / CULTURA

RIGOLETTO SOTTO LA PIOGGIA

Arena di Verona

Giuseppe Verdi ha rivoluzionato la musica italiana del XIX secolo sull'onda di grandi emozioni riscuotendo un successo travolgente. È l'epoca di Re Vittorio Emanuele II, l'artefice dell'Unità d'Italia, un periodo storico in cui l'architettura serviva soprattutto a celebrare la grandezza. Quasi ogni città d'Italia oggi può vantare un'espansione urbanistica o una fila di fabbricati di pregio che risalgono a quel tempo. Gli edifici sono quasi sempre ben visibili ma poco apprezzati a causa dell'abbondanza di tesori incomparabilmente più raffinati che impreziosisce e contrassegna ogni città italiana fin dall'antichità.

Nel 1848, a Verona, fu costruito in stile neoclassico Palazzo Barbieri, destinato a ospitare la sede del Governo austriaco del Regno Lombardo-Veneto. Negli anni Cinquanta gli è stato aggiunto un corpo di fabbrica semicircolare sul lato posteriore e oggi è la sede del Comune. Tuttavia, anche così, l'imponente costruzione ottocentesca caratterizzata dall'ampio pronao e dalle semicolonne laterali che scandiscono tutti i piani cattura scarsa attenzione, perché si affaccia sulla Piazza Bra nelle immediate vicinanze del ben più celebre Anfiteatro romano. L'Arena, completata verso il 30 d.C. sotto l'imperatore Tiberio, non conosce infatti rivali nel cuore del centro storico di Verona, mentre sul lato opposto della piazza svetta il monumento equestre di Re Vittorio Emanuele II.

Quando a Verona si completava Palazzo Barbieri, in passato conosciuto con il nome di Gran Guardia Nuova, Verdi aveva appena 34 anni. Il compositore era già nel pieno del suo periodo più creativo e di lì a poco avrebbe messo in scena le prime di *Nabucco* a Milano e di *Rigoletto* e *La Traviata* a Venezia.

Palazzo Barbieri
in Piazza Bra, 1867

Il centro storico di Verona,
Patrimonio dell'umanità

In quegli anni l'Anfiteatro romano non era ancora conosciuto come l'Arena di Verona: il palcoscenico all'aperto, oggi tra i più noti al mondo per le famose serate musicali dedicate all'opera e ai concerti. L'Arena fu utilizzata per la prima volta per rappresentare l'*Aida* solo nel 1913, in occasione del centenario della nascita di Verdi. Da quel giorno il Maestro è di casa a Verona, soprattutto quando d'estate le sue celebri arie risuonano nei vicoli del centro storico medievale. Ogni anno decine di migliaia di persone accorrono a Verona per assistere alle opere verdiane rappresentate in quel contesto unico e, naturalmente, anche per la *Carmen* di Georges Bizet e altre opere più note.

L'anfiteatro, relativamente ben conservato, misura 138 × 109 metri. Un tempo era più grande, ma per molto tempo è stato utilizzato come cava di pietra. Nel XII secolo un sisma distrusse i resti dell'anello esterno rivestito di calcare rosa e bianco a eccezione di quattro archi che conservano un piccolo ricordo della forma originale. Oggi, con i suoi 45 gradoni, senza installazioni sceniche, l'Arena può accogliere 22.000 spettatori.

Durante gli spettacoli si respira un'atmosfera unica, anche se a volte può accadere che la pioggia costringa gli organizzatori a

Anello esterno e interno
dell'anfiteatro romano, 1962

189, pagine 244-245
Oggetti di scena per l'opera *Nabucco*
davanti all'Arena
190, pagine 246-247
Prospettiva con copertura aperta
191, pagine 248-249
Prospettiva con copertura chiusa

modificare il programma. A un certo punto l'amministrazione comunale decise di valutare la possibilità di coprire l'Arena con un tetto per migliorarne l'uso commerciale e anche per proteggere le vestigia romane dalle intemperie. L'impresa si rivelò subito molto discutibile ed estremamente delicata poiché il centro storico di Verona è iscritto nella lista del Patrimonio Mondiale dell'Umanità dell'UNESCO e l'Arena è soggetta a vincolo monumentale. Serviva un intervento che fosse il meno invasivo possibile ma in grado di garantire la migliore protezione dalle intemperie.

Nella primavera del 2016 il Sindaco Flavio Tosi lancia un concorso di idee aperto a professionisti di tutto il mondo per dotare l'Arena di una copertura. Al bando partecipano 84 gruppi di progettazione. I costi per il premio, la giuria e l'organizzazione sono sostenuti da Sandro Veronesi, patron del gruppo Calzedonia di Verona. A disposizione ci sono 14 milioni di euro per la riqualificazione dell'Arena di cui 13,5 milioni per la copertura, parte dei quali a carico di Calzedonia.

CAPITOLO 7 / CULTURA

Copertura interna pieghevole
dell'arena nazionale di Bucarest

Copertura mobile a membrana
dello stadio nazionale di Varsavia

Lo stadio di Francoforte sul Meno...

...con "copertura a tenda" mobile

Il progetto presentato da gmp e schlaich bergermann partner (sbp) ha convinto la giuria e ha ottenuto il primo posto. Entrambi gli studi avevano già acquisito una serie di esperienze nel campo delle coperture mobili con gli stadi di Francoforte sul Meno, Varsavia e Bucarest. Il progetto per il concorso di Verona ha catturato l'attenzione di tutti. È stato pubblicato in tutto il mondo e ha acceso un vivace dibattito tra sostenitori e oppositori, soprattutto in Italia.

Il gruppo di progettisti formato da gmp e sbp ha proposto un anello sovrapposto all'edificio ma da questo nettamente separato, caratterizzato da una linea molto elegante e sobria concepita con il massimo rispetto nei confronti del monumento sottostante. L'anello "sospeso" contiene al proprio interno una struttura mobile a membrana che copre l'intera superficie di 12.000 metri quadrati dell'ellisse. L'anello funge anche da supporto dell'impianto illumi-

Vista dall'alto con copertura chiusa

notecnico. Il dispiegamento della membrana in quattro fasi è governato da una meccanica complessa e innovativa: per chiudere lo spazio sopra l'anfiteatro viene inizialmente distesa una rete di cavi disposti a ventaglio. Quindi, la sottile membrana di copertura avanza scorrendo lungo i cavi fino a colmare completamente il cerchio. I cavi e il manto alloggiano nascosti nell'anello di supporto che, su un lato, ha una cavità più voluminosa. Quando i cavi sono completamente distesi, i meccanismi idraulici di tensionamento agiscono sugli ultimi centimetri di corsa dei carrelli più avanzati e conferiscono la pretensione necessaria per sostenere la membrana. Era molto importante mantenere inalterata l'atmosfera dell'open air con la possibilità di volgere lo sguardo al cielo anche con il sistema di copertura dell'Arena. Così come era essenziale che fosse sempre garantito lo spazio di manovra per il sollevamento di elementi scenici e scenografie di grandi dimensioni. La struttura doveva essere appena visibile anche dall'esterno per non alterare l'architettura dell'edificio romano. Nella vista a volo d'uccello la copertura dispiegata appare come una conchiglia di protezione delicatamente adagiata sul monumento.

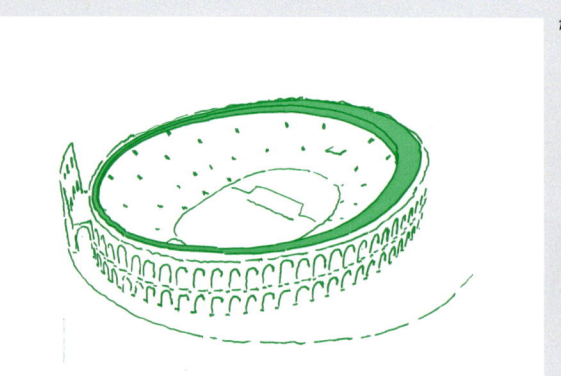

197

Anello di supporto

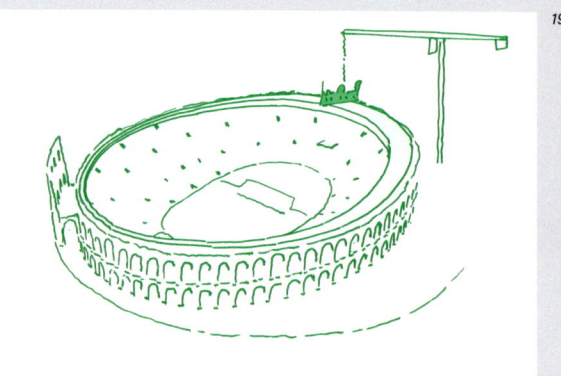

198

Flessibilità per l'allestimento del palco

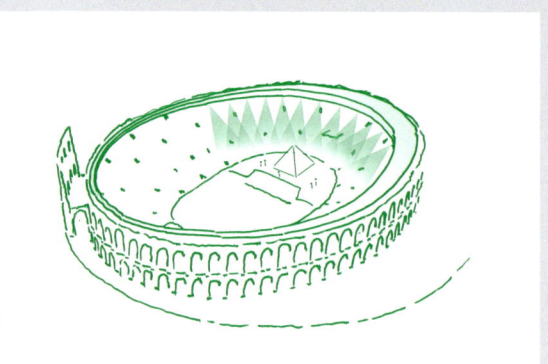

199

Possibilità di illuminazione supplementare

200

Completa reversibilità

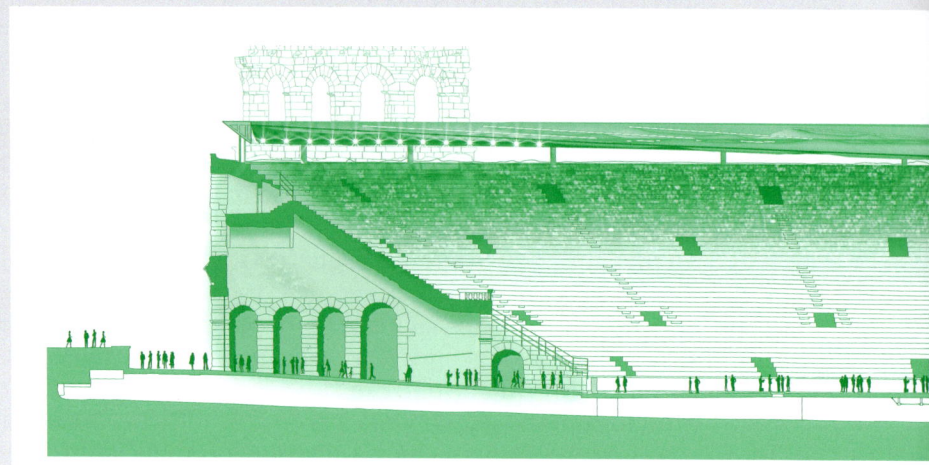

CAPITOLO 7 / CULTURA

Copertura chiusa

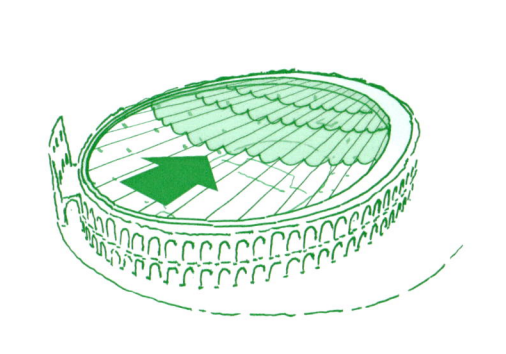

Ritrazione della copertura

Le funi spariscono
nell'anello di supporto

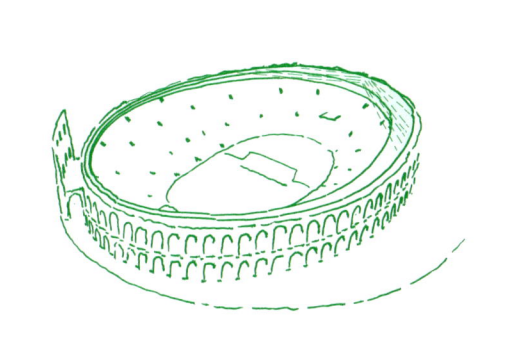

Copertura completamente aperta

Sezione

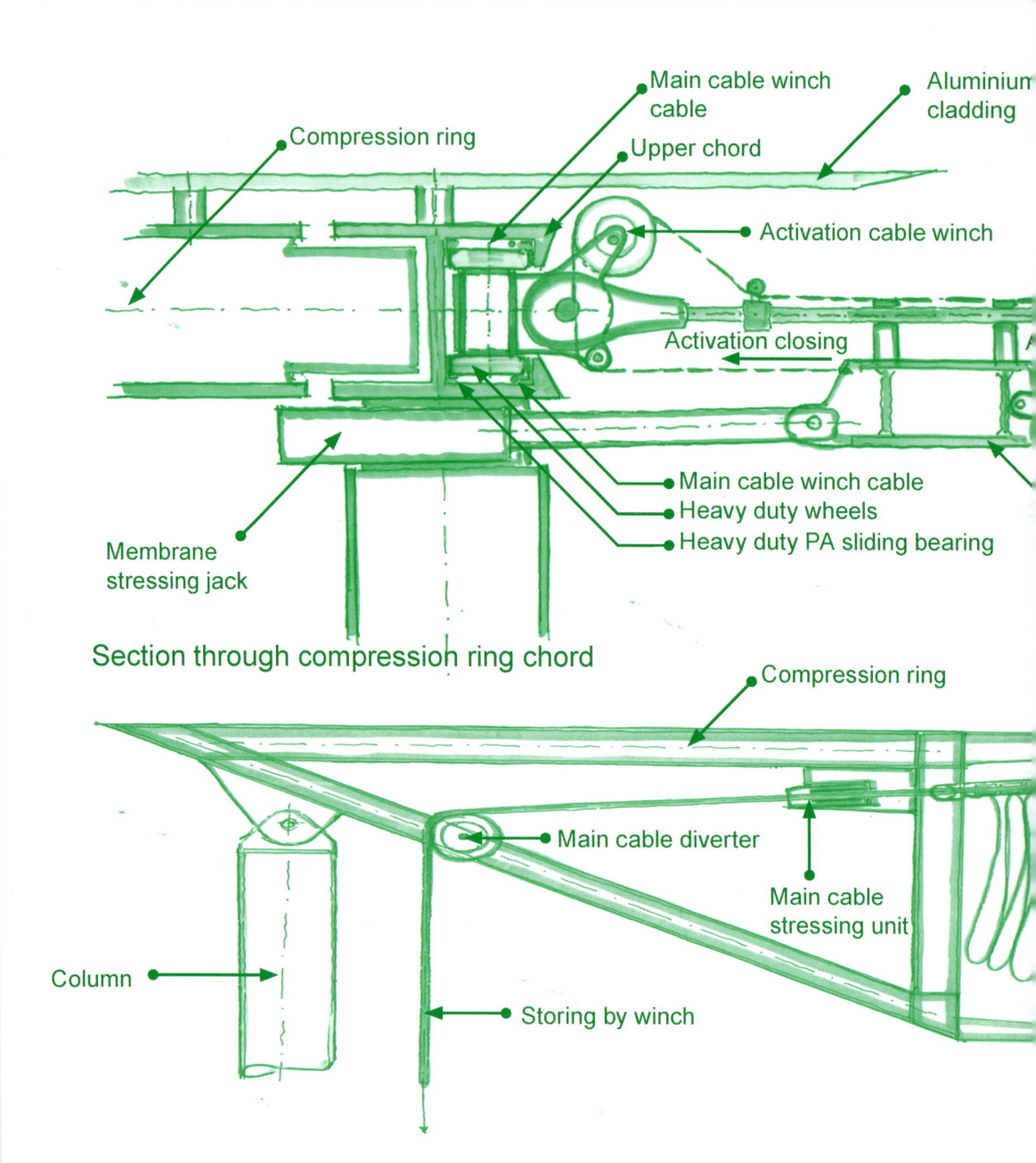

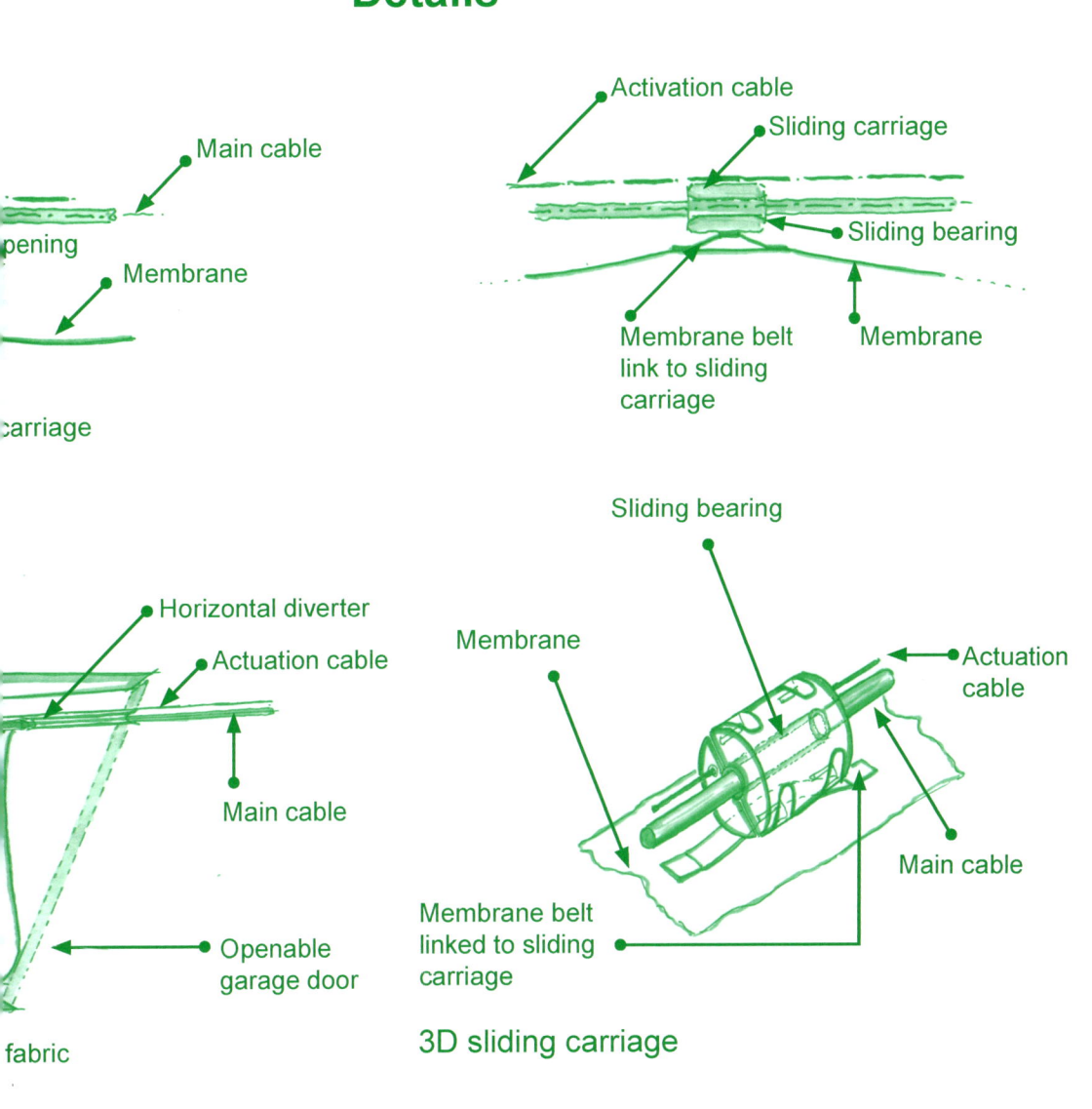

Disegni dettagliati del trasporto della fune sull'anello di supporto (in alto), della ritrazione della copertura nell'anello di supporto (in basso a sinistra) e del carrello scorrevole (in basso a destra)

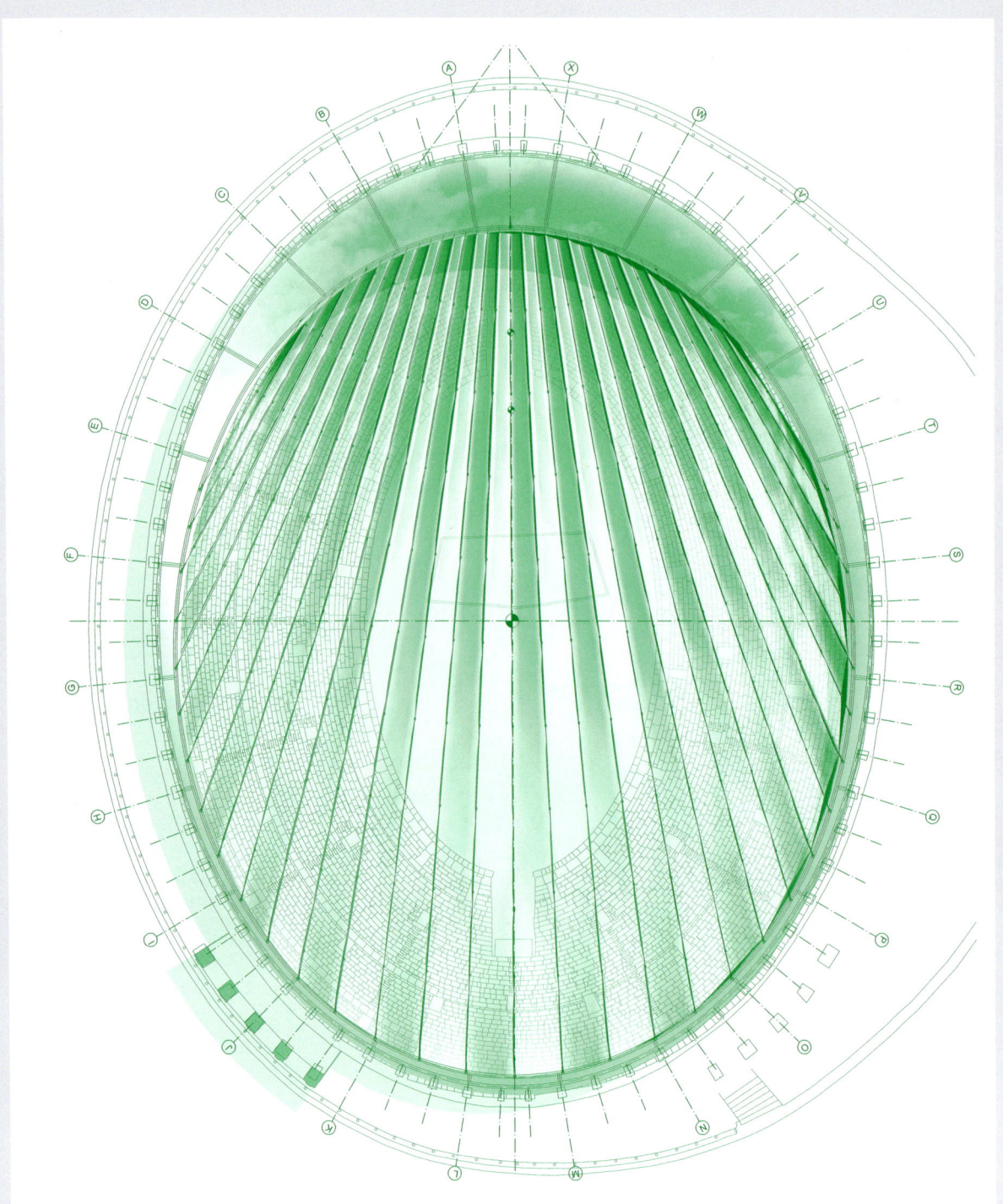

Vista della copertura

Purtroppo, la prosecuzione del progetto e la sua realizzazione non hanno avuto luogo. Poco dopo la decisione di bandire il concorso, nel 2017, l'amministrazione comunale, dopo aver governato per dieci anni, è cambiata. Per il progetto di Verona, nato con grande slancio ed entusiasmo è stata una vera sfortuna. Con il nuovo Sindaco l'amministrazione comunale ha valutato la struttura come un elemento di disturbo, in contrasto con il significato storico e culturale dell'Arena intesa come luogo fondativo dell'identità locale. La Soprintendenza, in accordo con il Ministero a Roma, ha bocciato definitivamente il progetto dopo una fase di verifica durata più di un anno. In particolare, sono stati ritenuti troppo invasivi i montanti verticali a sostegno dell'anello che dovevano essere inseriti nell'edificio storico. Volkwin Marg si è molto dispiaciuto per questa decisione politica. Secondo lui il progetto era più che appropriato, perché si era riusciti a lasciare quasi completamente libero lo sguardo verso il cielo e a minimizzare la copertura concepita con grande cura. In effetti, il progetto soddisfaceva tutti i requisiti del concorso con l'obiettivo, enunciato dall'ex Sindaco Flavio Tosi di "proteggere, conservare e valorizzare il monumento che è il simbolo della nostra città e un patrimonio nazionale".

Il Sindaco successivo, Federico Sboarina, è rimasto in carica solo cinque anni. Con le elezioni comunali del giugno 2022 è stato eletto a sorpresa l'ex calciatore professionista Damiano Tommasi che ha battuto la destra nella roccaforte leghista di Verona. In Italia Tommasi è un personaggio pubblico noto a tutti, è originario della zona, si è formato come educatore ed è sempre stato politicamente attivo tra le fila dei cattolici di sinistra. Ha giocato per dieci anni nella Roma, poi in Inghilterra, in Cina e a San Marino. Per l'Italia ha collezionato 25 presenze in Nazionale, sempre a centrocampo "con una grande visione d'insieme" del gioco. Da ex calciatore conserva sicuramente una passione per i grandi impianti gremiti di spettatori – senza pioggia. Chissà che cosa immagina per l'Arena di Verona?

208, pagine 258–259
Senza copertura: l'Arena di Verona

FIERE

NUOVA FIERA DI RIMINI

Concorso: 1997 – 1° premio
Periodo di costruzione: 1999–2001
Progetto architettonico: Volkwin Marg
  con Stephanie Joebsch
Project Manager: Stephanie Joebsch
Collaboratori: Susanne Bern, Olaf Bey, Mariachiara
  Breda, Thomas Dammann, Yasemin Erkan,
  Regine Glaser, Ina Hartig, Helene van gen Hassend,
  Hauke Huusmann, Beate Kling,
  Ursula Köper, Elisabeth Menne, Eduard Mijic,
  Carsten Plog, Dieter Rösinger, Wolfgang Schmidt,
  Arne Starke, Marco Vivori, Dagmar Weber
Architetto di contatto: Clemens Kusch
Progetto strutturale: Favero & Milan Ingegneria,
  Mirano-Venezia
Consulenti: schlaich bergermann partner (sbp),
  Stoccarda
Progetto impiantistico: Studio TI, Rimini
Consulenti: Uli Behr, Monaco di Baviera
Progetto illuminotecnico: conceptlicht, Traunreut
Progetto del paesaggio: Studio LAND, Milano
Progetto impianti di controllo: Atelier Mac Kneißl,
  Monaco di Baviera
Committente: Ente Autonomo Fiera di Rimini
Superficie totale: 130.134 m²

FIERA DI PADOVA

Concorso: 1998
Progetto architettonico: Volkwin Marg
  e Wolfgang Haux con Clemens Kusch
Collaboratori: Katja Beiß, Hauke Huusmann

FIERA DI MILANO

Concorso: 2002
Progetto architettonico: Volkwin Marg
  con Stephanie Joebsch
Project Manager: Stephanie Joebsch
Collaboratori: Mike Berrier, Mariachiara Breda,
  Markus Carlsen, Constantin Dumat, Yasemin
  Erkan, Robert Friedrichs, Moritz Hoffmann-
  Becking, Matthias Holtschmidt, Hauke Huusmann,
  Matthias Ismael, Markus Lechelt, Jens Niemann,
  Svenia Oehmig, Jörn Ortmann,
  Carsten Plog, Beate Quaschning, Peter Radomski,
  Klaus Reinhardt, Meinhard Rudolph, Wolfgang
  Schmidt, Reiner Schröder, Tatjana-Sonja Trebesch,
  Marco Vivori
Architetto di contatto: Clemens Kusch
Progetto strutturale: BCV, Milano; STM, Casalecchio
  di Reno
Progetto impiantistico: Politecnica, Modena
Progetto illuminotecnico: conceptlicht, Traunreut
Progetto del paesaggio: Studio LAND, Milano
Committente: Impregilo
Superficie totale: 600.000 m²

FIERA DI RIMINI, 1° AMPLIAMENTO, NUOVI PADIGLIONI ESPOSITIVI

Incarico diretto: 2003
Periodo di costruzione: 2004–2005
Progetto architettonico: Volkwin Marg
Project Manager: Yasemin Erkan,
  Stephanie Joebsch
Collaboratori: Mike Berrier, Mariachiara Breda,
  Robert Friedrichs, Regine Glaser, Ina Hartig, Jens
  Jackowski, Eduard Mijic, Klaus Reinhard, Arne
  Starke, Marco Vivori
Architetto di contatto: Clemens Kusch
Progetto strutturale: Favero & Milan
  Ingegneria, Mirano-Venezia
Progetto impiantistico: Studio TI, Rimini
Opere esterne: Studio LAND, Milano
Comitente: Rimini Fiera
Superficie totale: 42.000 m²

FIERA DI VERONA

Perizia: 2004, incarico padiglione 10/11
Periodo di costruzione: 2005–2007
Progetto architettonico: Volkwin Marg
  con Yasemin Erkan e Robert Friedrichs
Project Manager: Yasemin Erkan, Robert Friedrichs
Collaboratori: Kai Beckmann, Mike Berrier,
  Henning Fritsch, Regine Glaser, Daniel Gross,
  Stephanie Hess, Klaus Hoyer, Hauke Huusmann,
  Peter Radomski, Claudia Schultze, Arne Starke,
  Heiko Thiess
Architetto di contatto: Clemens Kusch
Progetto strutturale: Favero & Milan Ingegneria,
  Mirano-Venezia; schlaich bergermann partner
  (sbp), Stoccarda
Progetto impiantistico: Manens Intertecnica, Verona
Committente: Ente Autonomo per le Fiere
  di Verona
Superficie totale: 90.000 m²

POLO FIERISTICO DI RIVA DEL GARDA

Concorso: 2006
Progetto architettonico: Volkwin Marg
   con Stephanie Joebsch
Project Manager: Stephanie Joebsch
Collaboratori: Sebastian Becker, Henning
   Fritsch, Julian Jaim, Carlo Mardersteig
Architetto di contatto: Clemens Kusch
In collaborazione con: Favero & Milan
   Ingegneria, Manens Intertecnica, Twice,
   WES LandschaftsArchitektur
Committente: Garda Trentino Fiere

FIERA DI VICENZA

Concorso: 2007
Progetto architettonico: Volkwin Marg
   con Robert Friedrichs
Project Manager: Robert Friedrichs
Collaboratori: Johann von Bothmer, Diana Bunic,
   Inga Cassens, Anna Falkenbach, Karsten
   Jandke, Stephanie Joebsch, Hauke Huusman,
   Ariane Mohnhaupt, Peter Radomski, Claudia
   Schultze, Alessia Spezzano, Theresa Thiele
Architetto di contatto Clemens Kusch
Progetto strutturale: Contec Ingegneria, Verona
Progetto impiantistico: Ingea, Verona
Committente: Immobiliare Fiera di Vicenza

FIERA DI BOLOGNA

Studio di fattibilità: 2015
Progetto architettonico: Volkwin Marg
   con Robert Friedrichs
Project Manager: Robert Friedrichs
Collaboratori: Lapo Medici, Katja Mezger,
   Stella Mugellini, Alessia Spezzano
Architetto di contatto: Clemens Kusch
Committente: Bologna Fiere

FIERA DI RIMINI, 2° AMPLIAMENTO, SVILUPPO DEL PIAZZALE DI CONSEGNA

Incarico diretto: 2016
Periodo di costruzione: 2016
Progetto architettonico: Volkwin Marg
   con Stephanie Joebsch
Project Manager: Stephanie Joebsch
Collaboratori: Peter Radomski
Coordinamento e direzione lavori: mijic architects,
   Rimini
Progetto strutturale: Studio Sarti, Rimini
Progetto impiantistico: Studio TI, Rimini
Progetto impianti elettrici: IN.TE.SO., Rimini
Committente: Rimini Fiera

FIERA DI RIMINI, 3° AMPLIAMENTO, SALA A CUPOLA

Incarico diretto: 2017
Completamento progetto esecutivo/gara: 2020
Progetto interrotto durante la pandemia
Progetto architettonico: Volkwin Marg
   con Stephanie Joebsch
Project Manager: Stephanie Joebsch
Collaboratori: Radmila Blagovcanin, Katharina
   Chlosta, Nicola Jeppel, Bernd Kottsieper,
   Gabriele Kottsieper, Artur Kupriichuk, Jessica
   Last, Wiebke Meyenburg, Erica Zancanella
Architetto di contatto Clemens Kusch
Coordinamento locale: mijic architects, Rimini
Progetto strutturale: schlaich bergermann partner
   (sbp), Stoccarda; Milan Ingegneria, Milano
Progetto impiantistico: Polistudio, Riccione
Progetto illuminotecnico: conceptlicht, Traunreut
Protezione antincendio: Studio TI, Rimini
Progetto opere esterne: Paisà, Ravenna
Progetto viabilità: Dott. Ing. Regolo Poluzzi
Acustica: ADA-AMC, Berlino
Committente: Italian Exhibition Group Rimini
Superficie totale: 17.800 m² (sala a cupola),
   8.100 m² (ingresso e locali accessori)

AMPLIAMENTO FIERA DI VICENZA

Incarico: 2018/2022
Progetto architettonico: Volkwin Marg
   con Robert Friedrichs
Project Manager: Robert Friedrichs, Alessia Spezzano
Collaboratori: Radmila Blagovcanin, Renata
   Dipper, Giulio Moriani, Peter Radomski,
   Francesco Scarpati, Marvin Tajana, Xia Wu,
   Erica Zancanella
Architetto di contatto: Clemens Kusch
Progetto strutturale: FM Ingegneria,
   Mirano-Venezia
Progetto impiantistico: Manens-Tifs, Padova
Committente: Italian Exhibition Group

TRASPORTI

TERMINAL FUSINA DI VENEZIA

Concorso: 1998 – 2° premio
Progetto architettonico: Volkwin Marg
 con Clemens Kusch e Frederick Jaspert
Progetto del paesaggio: Studio LAND, Milano

AEROPORTO RAFFAELLO SANZIO, ANCONA-FALCONARA

Concorso: 1999 – 1° premio
Periodo di costruzione: 2002–2004
Progetto architettonico: Volkwin Marg
 e Nikolaus Goetze con Marc Ziemons
Project Manager: Yasemin Erkan
Collaboratori: Regine Glaser, Torsten Hinz, Sylke Hoffmann, Moritz Hoffmann-Becking, Ursula Köper, Martin Marschner, Eduard Mijic, Dieter Rösinger, Thomas Schuster, Dirk Vollrath
Architetto di contatto Clemens Kusch
Progetto strutturale: Favero & Milan
 Ingegneria, Mirano-Venezia
Progetto impiantistico: Studio TI, Rimini
Committente: Aerdorica
Superficie totale: 15.000 m²

STAZIONE FERROVIARIA DI TORINO

Concorso: 2001
Progetto architettonico: Volkwin Marg
 con Stephanie Joebsch
Collaboratori: Moritz Hoffmann-Becking, Hans Jäger, Martin Marschner, Arne Starke

STAZIONE FERROVIARIA FIERA DI RIMINI

Incarico diretto: 2002
Periodo di costruzione: 2002–2004
Progetto architettonico: Volkwin Marg
 con Stephanie Joebsch
Project Manager: Yasemin Erkan
Collaboratori: Thomas Dammann, Robert Friedrichs Regine Glaser, Ingo von Holst, Eduard Mijic
Architetto di contatto: Clemens Kusch
Progetto strutturale: Favero & Milan
 Ingegneria, Mirano-Venezia
Progetto impiantistico: Studio TI, Rimini
Committente: Rimini Fiera

STAZIONE FERROVIARIA DI FIRENZE

Concorso: 2002 – 2° premio
Progetto architettonico: Volkwin Marg
 e Joachim Zais
Project Manager: Matias Otto
Collaboratori: Jörn Herrmann, Moritz Hoffmann-Becking, Dominik Reh, Katrin Schulze-Kaddelbach, Heiko Thiess
Architetto di contatto: Clemens Kusch
Progetto strutturale: Favero & Milan Ingegneria, Mirano-Venezia
Progetto impiantistico: Studio TI, Rimini
Protezione antincendio: Ing. Antonio Corbo
Progetto opere esterne: Studio LAND, Milano
Committente: Rete Ferrovia Italiana
Superficie totale: 48.000 m²

PORTO DI VENEZIA, PARCHEGGIO MULTIPIANO E HOTEL, VENEZIA

Concorso: 2007
Progetto architettonico: Volkwin Marg
 e Stephanie Joebsch con Clemens Kusch
Collaboratori: Inga Cassens, Anna Falkenbach, Robert Friedrichs, Karsten Jandke, Peter Radomski, Alessia Spezzano, Theresa Thiele

STAZIONE VESUVIO EST DI NAPOLI

Concorso: 2009
Progetto architettonico: Volkwin Marg
 con Robert Friedrichs
Collaboratori: Anna Falkenbach, Elena Melnikova, Peter Radomski, Alessia Spezzano
Architetto di contatto: Clemens Kusch
Progetto strutturale: Favero & Milan Ingegneria, Mirano-Venezia
Progetto impiantistico: Favero & Milan
 Ingegneria, Mirano-Venezia
Superficie totale: 8.000 m² (edificio)

STAZIONE FERROVIARIA SUSA INTERNATIONAL

Concorso: 2012 – 2° premio
Progetto architettonico: Volkwin Marg e Jürgen Hillmer con Robert Friedrichs
Project Manager: Robert Friedrichs, Stephanie Joebsch
Collaboratori: Vincenzo Donato, Bernd Kottsieper, Claudia Schultze, Alessia Spezzano, Achim Wangler

Gruppo di progettazione con 5+1AA, Genova
Progetto strutturale: Elioth / Egis Batiments, Montreuil
Progetto impiantistico: Egis Concept, Montreuil
Progetto opere esterne: Villes et Paysages, Montreuil
Progetto viabilità: Steer Davies Gleave
Committente: Lyon Turin Ferroviaire, Chambery
Superficie totale: 9.500 m²

PARCHEGGIO MULTIPIANO AEROPORTO DI BOLOGNA

Concorso: 2016 – 2° premio
Progetto architettonico: Volkwin Marg
 con Robert Friedrichs
Collaboratori: Peter Radomski, Espen Scheidt, Alessia Spezzano
Architetto di contatto: Clemens Kusch

PONTE BELVEDERE DI L'AQUILA

Studio: 2020
Progetto architettonico: Volkwin Marg
 con Robert Friedrichs
Collaboratore: Peter Radomski
Architetto di contatto: Clemens Kusch
Progetto strutturale: Milan Ingegneria, Milano

SANITÀ

OSPEDALE DI BERGAMO

Concorso: 2000 – 2° premio
Progetto architettonico: Volkwin Marg
 e Joachim Zais con Matias Otto
Collaboratori: Dirk Balser, Mike Berrier, Moritz Hoffmann-Becking, Julia Künzer, Sigrid Müller, Jens Niemann, Jörn Ortmann, Dominik Reh, Monika van Vught
Architetto di contatto: Clemens Kusch
Committente: A.O. Ospedali Riuniti

OSPEDALE BORGO TRENTO, VERONA

Concorso: 2000 – 1° premio
Periodo di costruzione: 2004–2009
Progetto architettonico: Volkwin Marg
 con Studio Altieri
Project Manager: Robert Friedrichs, Arne Starke
Collaboratori: Inga Cassens, Anna Falkenbach, Regine Glaser, Ina Hartig, Jens Jackowski, Bernd Kottsieper, Peter Radomski, Alessia Spezzano, Gabriele Wysocki
Architetto di contatto: Clemens Kusch
 con Martin Weigert, Bernhard Klein
Progetto strutturale: Studio Altieri, Thiene
Progetto impiantistico: Tifs, Padova; STEP, Ferrara
Progetto opere esterne: Studio LAND, Milano
Committente: Azienda Ospedaliera Regione Veneto
Superficie totale: 136.000 m² (nuovi edifici ed edifici esistenti riqualificati)

OSPEDALE DI FERMO

Concorso: 2010 – 3° premio
Progetto architettonico: Volkwin Marg
 con Robert Friedrichs
Collaboratori: Anna Falkenbach, Timo Heise, Valentina Milan, Alessia Spezzano, Theresa Thiele
Progetto strutturale: Favero & Milan Ingegneria, Mirano-Venezia
Progetto impiantistico: Studio Forte
Committente: Regione Marche
Superficie totale: 35.000 m²

OSPEDALE DI MONTECCHIO MAGGIORE, VICENZA

Concorso: 2013
Progetto architettonico: Volkwin Marg
 con Robert Friedrichs
Project Manager: Robert Friedrichs
Collaboratori: Vincenzo Donato, Andrea Fattori, Dominika Gnatowicz, Jonsson Gudmundur, Alessia Spezzano
Architetto di contatto: Clemens Kusch
Progetto strutturale: Milan Ingegneria, Milano
Progetto impiantistico: Prisma Engineering, Saonara
Progettazione ospedaliera: Studio Zingaretti, Bologna
Committente: Azienda Unità Locale Socio Sanitaria n°5 Ovest Vicentino
Superficie totale: 27.950 m²

OSPEDALE DI SESTO SAN GIOVANNI, MILANO

Concorso per General Contractor: 2013
Progetto architettonico: Volkwin Marg
  con Robert Friedrichs
Collaboratori: Vincenzo Donato, Andrea Fattori,
  Bernd Kottsieper, Valentina Milan, Alessia
  Spezzano, Lena Wegener
Architetto di contatto: Clemens Kusch
General Contractor: Maltauro, Vicenza/Roma
Progetto strutturale: Milan Ingegneria, Milano
Progetto impiantistico: Beta Progetti, Firenze
Progetto opere esterne: Onesitestudio, Milano
Progettazione ospedaliera: Studio Plicchi, Bologna
Committente: Infrastrutture Lombarde
Superficie totale: 134.660 m²

CONGRESSI

CENTRO CONGRESSI EUR DI ROMA

Concorso: 1998
Progetto architettonico: Volkwin Marg
  e Eun Young Yi con Clemens Kusch
Collaboratori: Tibor Pataky, Mario Rojas Toledo

PALACONGRESSI DI RIMINI

Perizia: 2000
Incarico diretto: 2004
Periodo di costruzione: 2007–2010
Progetto architettonico: Volkwin Marg
  e Joachim Zais con Stephanie Joebsch
Project Manager: Stephanie Joebsch
Collaboratori: Kai Beckmann, Mike Berrier,
  Radmila Blagovcanin, Renata Dipper, Mathias
  Holtschmidt, Nicole Loeffler, Carlo Mardersteig,
  Matias Otto, Peter Radomski, Dominik Reh,
  Vita Römer, Monika Sallowsky, Arne Starke,
  Heiko Thiess, Dirk Tietgen, Hito Ueda,
  Marco Vivori, Malte Wolf
Architetto di contatto: Clemens Kusch
Pianificazione generale: gmp General-
  planungsgesellschaft, Amburgo
Coordinamento locale e direzione lavori:
  mijic architects, Rimini
Collaboratori: Eduard Mijic, Emanuele Filanti,
  Lorenzo Pesaresi
Sistemi di controllo (progetto definitivo ed
  esecutivo): mijic architects, Rimini
Progetto impiantistico: Studio TI, Rimini
Progetto elettrotecnico: IN.TE.SO., Rimini
Progetto illuminotecnico: conceptlicht, Traunreut
Progetto allestitivo: GCA, Unterhaching
Acustica: Müller-BBM, Planegg
Progetto strutturale: Favero & Milan
  Ingegneria, Mirano-Venezia
Progetto del paesaggio: Studio LAND, Milano
Committente: Società del Palazzo dei Congressi
Superficie totale: 30.700 m² (fuori terra),
  21.800 m² (interrato)
Capacità: 8.795 posti a sedere

CENTRO ESPOSITIVO E CONGRESSI DI AREZZO

Perizia: 2004
Periodo di costruzione: 2005–2010
Progetto architettonico: Volkwin Marg
  con Robert Friedrichs
Project Manager: Robert Friedrichs,
  Yasemin Erkan, Reiner Schröder
Collaboratori: Inga Cassens, Markus Carlsen,
  Anna Falkenbach, Regine Glaser, Daniel Gross,
  Stephanie Heß, Hauke Huusmann, Bernd
  Kottsieper, Kristina Milani, Ralph Preuss,
  Vita Römer, Clauda Schultze, Alessia
  Spezzano, Dirk Tietgen, Marco Vivori,
  Michèle Watenphul, Holger Wermers
Architetto di contatto: Clemens Kusch
  con Martin Weigert
Progetto strutturale: Biagini-Bracciali, Arezzo
Progetto impiantistico: CMZ, Firenze
  e Prosperi, Arezzo
Impianti elettrici / tecnica congressuale:
  IN.TE.SO., Rimini
Fisica tecnica (acustica architettonica
  Auditorium): Müller-BBM, Berlino
Progetto opere esterne: Studio LAND, Milano
Protezione antincendio: Prosperi, Arezzo
Committente: Centro Affari e Convegni
Superficie totale: 19.660 m²

CENTRO CONGRESSI DI PADOVA

Concorso per General Contractor: 2012
Progetto architettonico: Volkwin Marg
  con Robert Friedrichs
Project Manager: Robert Friedrichs
Collaboratori: Vincenzo Donato, Bernd
  Kottsieper, Alessia Spezzano, Achim Wangler
Architetto di contatto: Clemens Kusch
Committente: Fiera di Padova Immobiliare
Impresa generale: Mantovani

Progetto strutturale: ICONIA, Padova
Progetto impiantistico: Areatecnica, Padova
Progetto del paesaggio: Studio LAND, Milano
Acustica: Müller-BBM, Berlino
Tecnica congressuale: IN.TE.SO, Rimini
Superficie totale: 17.700 m²

CENTRO CONGRESSI DI BOLOGNA

Studio preliminare: 2015
Progetto architettonico: Volkwin Marg
 con Robert Friedrichs
Project Manager: Robert Friedrichs
Collaboratori: Lapo Medici, Stella Mugellini,
 Alessia Spezzano
Architetto di contatto: Clemens Kusch
Committente: Bologna Fiere

SPORT

STADIO DELL'HOCKEY, TORINO

Concorso: 2002
Progetto architettonico: Volkwin Marg
 e Jürgen Hillmer
Project Manager: Sigrid Müller
Collaboratori: Jörn Herrmann, Julia Künzer,
 Gunnar Müller, Tatjana-Sonja Trebesch
Progetto strutturale: schlaich bergermann partner
 (sbp), Stoccarda
Riqualificazione: Krebs+Kiefer
Progetto opere esterne: Studio LAND, Milano
Progetto impiantistico: Ridder Meyn Nuckel,
 Amburgo/Berlino
Committente: Agenzia Torino 2006
Superficie totale: 40.000 m²

STADIO DI CALCIO, SIENA

Concorso: 2004
Progetto architettonico: Volkwin Marg
 con Stefan Nixdorf
Collaboratori: Robert Hormes, Heiko Faber
Architetto di contatto: Clemens Kusch
Progettazione strutturale: Führer – Kosch – Jürges,
 Acquisgrana; Favero & Milan Ingegneria,
 Mirano-Venezia
Progetto opere esterne: Studio LAND, Milano
Committente: Comune di Siena
Capacità: 20.000 posti a sedere

STADIO FRIULI DI UDINE

Perizia: 2011
Progetto architettonico: Volkwin Marg
 con Robert Friedrichs
Team: Carsten Borucki, Bernd Kottsieper,
 Gerard Slee, Alessia Spezzano, Theresa Thiele
Architetto di contatto: Clemens Kusch
Progetto strutturale: Favero & Milan Ingegneria,
 Mirano-Venezia
Committente: Udinese Calcio
Capacità: 22.000 posti a sedere

STADIO DRUSO DI BOLZANO

Concorso di qualificazione con progetto: 2014
Periodo di costruzione: 2018–2022
Progetto architettonico: Meinhard von Gerkan
 e Stephan Schütz con Ralf Dejaco
Gruppo di progettazione con Dejaco+Partner
 e Bergmeister Ingenieure
Project Management: Ralf Sieber, Andreas
 Brinkmann e Oliver Mulser (Dejaco + Partner)
Collaboratori: Jan Peter Deml, Luisa Manago,
 Sebastian Pohle, Elsa Tang
Progetto strutturale: Bergmeister Ingenieure, Vahrn
Committente: Comune di Bolzano
Superficie totale: 29.850 m²
Capacità: 5.400 posti a sedere

PALAZZETTO DEL GHIACCIO DI BRUNICO

Concorso: 2014
Progetto architettonico: Volkwin Marg
 con Eduard Mijic
Project Manager: Robert Friedrichs
Collaboratori: Andrea Fattori, Valentina Milan;
 mijic architects: Andrea Grillo, Mirco
 Boccalini, Francesca Morotti, Lara Bisi
In collaborazione con: mijic architects, Rimini
Progetto strutturale: BMS Progetti, Milano
Progetto impiantistico: BMS Progetti, Milano
Committente: Comune di Brunico
Superficie totale: 7.990 m²

STADIO DI BOLOGNA

Studio: 2015
Progetto architettonico: Volkwin Marg
  con Robert Friedrichs
Collaboratori: Lapo Medici, Stella
  Mugellini, Alessia Spezzano
Architetto di contatto: Clemens Kusch

STADIO ARTEMIO FRANCHI DI FIRENZE

Concorso: 2021
Progetto architettonico: Volkwin Marg
  e Hubert Nienhoff con Martin Glass
Project Manager: Martin Glass
Collaboratori: Marta Busnelli, Valerio
  Cianfanelli, Marina Evstifeeva, Rubén
  Gonzales, Sara Lash, Roland Lipusz,
  Eleonora la Mantia
Architetto di contatto: Clemens Kusch
Progetto strutturale: schlaich bergermann partner
  (sbp), Stoccarda; Milan Ingegneria, Milano
Progetto impiantistico: Deerns, Milano
Progetto viabilità: Michain, Milano
Committente: Comune di Firenze

INDUSTRIA

TECNOPOLO BOLOGNA, MASTERPLAN

Concorso: 2012 – 1° premio
Progetto architettonico: Volkwin Marg
  con Robert Friedrichs
Collaboratori: Alexander Kittel, Bernd
  Kottsieper, Peter Radomski, Claudia Schultze,
  Alessia Spezzano, André Wegmann
Architetto di contatto e coordinamento: Clemens
  Kusch
Progetto strutturale: Werner Sobek, Stoccarda
Progetto impiantistico: Studio TI, Rimini
Progetto del paesaggio: Studio LAND, Milano
Committente: Società Finanziaria Bologna
  Metropolitana
Superficie totale: 110.000 m²

TECNOPOLO BOLOGNA, FASE DI COSTRUZIONE 1 E 2

Incarico diretto: 2013 (fase di costruzione 1,
  edificio di ricerca e amministrazione, e fase di
  costruzione 2, edificio di servizio)
Periodo di costruzione: 2022–2025
  (fase di costruzione 1)
Progetto architettonico: Volkwin Marg
  con Robert Friedrichs
Project Manager: Robert Friedrichs
Collaboratori: Andrea Fattori, Bernd Kottsieper,
  Lapo Medici, Katja Mezger, Stella Mugellini
  Alessia Spezzano, Rossella Tesser, Lena Wegener
Architetto di contatto: Clemens Kusch
Progetto strutturale: Werner Sobek, Stoccarda
Progetto impiantistico: Studio TI, Rimini
Progetto del paesaggio: Studio LAND, Milano
Committente: Società Finanziaria Bologna
  Metropolitana/ART-ER

TECNOPOLO BOLOGNA, FASE DI COSTRUZIONE 3 – CENTRO DI CALCOLO ECMWF

Incarico diretto: 2016
Periodo di costruzione: 2017–2020
Progetto architettonico: Volkwin Marg
  con Robert Friedrichs
Project Manager: Alessia Spezzano
Collaboratori: Radmila Blagovcanin, Svea-Maria
  Dongus, Bendix Fulda, Nicola Jeppel, Seung-
  Yeon Kim, Bernd Kottsieper, Artur Kupriichuk,
  Jessica Last, Lapo Medici, Giulio Moriani, Peter
  Radomski, Monica Sallowsky, Tobias Schmidt
Architetto di contatto: Clemens Kusch
Progetto strutturale: Werner Sobek, Stoccarda;
  Milan Ingegneria, Milano; Studio Enarco, Bologna
Progetto impiantistico: Studio TI, Rimini
Progetto del paesaggio: Studio LAND, Milano
Committente: Società Finanziaria Bologna
  Metropolitana /ART-ER

TECNOPOLO BOLOGNA, FASE DI COSTRUZIONE 4 – CENTRO DI CALCOLO CINECA-INFN

Incarico diretto: 2018
Periodo di costruzione: 2020–2023
Progetto architettonico: Volkwin Marg
  con Robert Friedrichs
Project Manager: Alessia Spezzano
Collaboratori: Radmila Blagovcanin, Gabriele
  Kottsieper, Giulio Moriani, Peter Radomski,
  Francesco Scarpati

Architetto di contatto Clemens Kusch
Progetto strutturale: Studio Enarco, Bologna
Progetto impiantistico: Studio TI, Rimini
Progetto del paesaggio: Studio LAND, Milano
Committente: CINECA Consorzio interuniversitario

TECNOPOLO BOLOGNA,
FASE DI COSTRUZIONE 5 –
SEDE ISTITUTI DI RICERCA

Incarico diretto: 2020
Periodo di costruzione: 2022–2025
Progetto architettonico: Volkwin Marg
 con Robert Friedrichs
Project Manager: Alessia Spezzano
Collaboratori: Maddalena Barbieri, Katharina
 Chlosta, Renata Dipper, Adrian Götz,
 Peter Radomski, Francesco Scarpati
Architetto di contatto: Clemens Kusch
Progetto strutturale: Studio Enarco, Bologna
Progetto impiantistico: Studio TI, Rimini
Progetto del paesaggio: Studio LAND, Milano
Committente: Società Finanziaria Bologna
 Metropolitana / ART-ER

CULTURA

GALLERIA COMUNALE, ROMA

Concorso: 2000
Progetto architettonico: Meinhard von Gerkan
 con Walter Gebhardt
Collaboratori: Jörn Bohlmann, Tilo Günther,
 Udo Meyer, Kerstin Steinfatt

COPERTURA DELL'ARENA DI VERONA

Concorso: 2017 – 1° premio
Progetto architettonico: Architekten von Gerkan,
 Marg und Partner (gmp) e schlaich bergermann
 partner (sbp)
gmp: Volkwin Marg e Hubert Nienhoff
 con Martin Glass e Nikolai Reich
sbp: Knut Stockhusen e Knut Göppert
 con Daniel Gebreiter e Chih-Bin Tseng
Committente: Comune di Verona

RESIDENZA

RESIDENZE PARCO AUSA, RIMINI

Perizia: 2012
Progetto architettonico: Volkwin Marg
 con Stephanie Joebsch
Collaboratori: Peter Radomski
Architetto di contatto: mijic architects, Rimini
Committente: Rimini Fiera
Superficie totale: 34.000 m²

ISTRUZIONE E RICERCA

UNIVERSITÀ DI VENEZIA

Concorso: 1998
Progetto architettonico: Meinhard von Gerkan
Collaboratori: Pinar Gönül-Cinar

UNIVERSITÀ DI BOLZANO

Concorso: 1998
Progetto architettonico: Volkwin Marg
 con Jutta Hartmann-Pohl

UNIVERSITÀ DI BRESSANONE

Concorso: 1998
Progetto architettonico: Meinhard von Gerkan
Collaboratori: Sebastian Beck, Oliver Christ,
 Bianca Cordsen, Sona Kazemi

UNIVERSITÀ DI BOLOGNA BERTALIA

Concorso: 2001
Progetto architettonico: Volkwin Marg
 e Joachim Zais con Walter Gebhardt

POLO BIBLIOTECARIO
DI BOLZANO

Concorso: 2003
Progetto architettonico: Volkwin Marg
    e Nikolaus Goetze con Volkmar Sievers
Project Manager: Volkmar Sievers
Collaboratori: Christian Krüger, Matthias
    Meinheit, Simone Nentwig, Rouven
    Oberdiek, Jan-Christian Thomsen
Committente: Provincia Autonoma di Bolzano
Superficie totale: 15.000 m²

URBANISTICA

AREA EX ANSALDO, MILANO

Concorso: 2005
Progetto architettonico: Volkwin Marg
    con Joachim Zais
Project Manager: Mike Berrier, Heiko Thiess
Collaboratori: Markus Carlsen, Kristina Milani,
    Christian Möchel
Committente: Pirelli & C. Real Estate
Superficie totale: 84.000 m²

AREA EX ALUMIX ED EX MAGNESIO, BOLZANO

Concorso: 2008
Progetto architettonico: Volkwin Marg
    e Nikolaus Goetze
Collaboratori: Deren Akdeniz, Ingo Beckmann,
    Eduard Kaiser, Alexandra Kühne, Evelyn Pasdzierny
Committente: Città di Bolzano
Superficie totale: 90.000 m²

AREA EX LEBOLE, AREZZO

Perizia: 2010
Progetto architettonico: Volkwin Marg
    con Robert Friedrichs
Project Manager: Robert Friedrichs
Collaboratori: Anna Falkenbach, Alessia Spezzano
Architetto di contatto: Clemens Kusch
Progetto impiantistico: Studio Biagini-Bracciali,
    Arezzo
Progetto del paesaggio: Studio LAND, Milano
Superficie totale: 85.000 m²

ARREDI

SERIE DI CORPI ILLUMINANTI IPLAN

2010
Progetto: Meinhard von Gerkan
    e Nikolaus Goetze con Volkmar Sievers
Collaboratori: Julian Lahme
Partner commerciale: iGuzzini Deutschland

MOSTRE

RENAISSANCE OF RAILWAY STATIONS
Biennale Architettura di Venezia, 1996

THE ARCHITECTURE OF PUBLIC SPACE
Bari, 1998

ARCHITETTURE A CONFRONTO
Mantova, 2001

LUCHAO
Biennale Architettura di Venezia, 2004

ON OLD FOUNDATIONS
Venezia, 2014

TOO GOOD. TWO. BE TRUE.
Venezia, 2014

FUTURE >> PRACTICE >> PRACTICE FUTURE (AAC)
Biennale Architettura di Venezia, 2016

UMBAU. NONSTOP TRANSFORMATION
Venezia, 2023

VOLKWIN MARG

Volkwin Marg ha fondato gmp · Architekten von Gerkan, Marg und Partner insieme a Meinhard von Gerkan nel 1965. Dal 1979 al 1984 è stato Presidente dell'Associazione degli architetti tedeschi BDA e dal 1986 al 2003 professore ordinario di Pianificazione urbana presso la Facoltà di Architettura dell'Università RWTH di Aquisgrana. Nel 2012 la HafenCity Universität di Amburgo ha conferito a Marg la laurea *honoris causa*. È co-fondatore della Fondazione gmp e della Academy for Architectural Culture (aac). Ha ricevuto numerosi riconoscimenti come il Premio Fritz Schumacher, il Gran Premio dell'Associazione degli Architetti Tedeschi (BDA), la Croce Federale al Merito di Prima Classe e la Bürgermeister-Stolten-Medaille della Città Libera e Anseatica di Amburgo. Tra gli edifici più noti di Marg si annoverano la Nuova Fiera di Lipsia, la riqualificazione dello Stadio Olimpico di Berlino e gli stadi per i Campionati mondiali ed europei di calcio in Sudafrica e Brasile, Polonia, Ucraina e Russia.

SEBASTIAN REDECKE

Sebastian Redecke ha studiato Architettura alla TU Braunschweig e all'Università di Roma. Dal 1990 al 2022 è stato redattore della rivista di architettura *Bauwelt* di Berlino, con la quale continua a collaborare come autore. Redecke è co-autore e co-curatore di numerose pubblicazioni di architettura contemporanea. Tra le pubblicazioni più recenti ricordiamo *Andreas Rost – The great Gesture*, *Der unbekannte Oscar Niemeyer in Algier* e *Intimacies: The Architecture of Youssef Tohme*.

CLEMENS F. KUSCH

Clemens Kusch è nato a Roma ed è cresciuto bilingue (italiano e tedesco). Nel 1993 ha conseguito il dottorato di ricerca in Architettura presso l'Università IUAV di Venezia, dove ha svolto attività di docenza a contratto fino al 2000. Nel 1995 ha fondato lo studio di architettura cfk architetti che si occupa di progettazione e project management in collaborazione con studi di architettura tedeschi. Dal 1997 collabora con gmp come architetto di contatto e coordinatore di progetto per tutti gli incarichi italiani. Kusch è corrispondente dall'Italia per *dbz* e autore delle pubblicazioni *Guida all'architettura Venezia. Realizzazioni e progetti dal 1950* e *Eugenio Miozzi. Venezia tra innovazione e tradizione 1931-1969*.

JOACHIM ZAIS

Joachim Zais ha studiato Architettura all'Università tecnica di Braunschweig, dove dopo la laurea ha lavorato come assistente alla cattedra di Meinhard von Gerkan. È entrato in gmp nel 1983 ed è stato socio dal 1993 al 2005. Tra i progetti più importanti di Zais figurano il Padiglione Cristo per l'Expo 2000 di Hannover, che oggi si trova nel Monastero di Volkenroda, e il Palacongressi di Rimini.

STEPHANIE JOEBSCH

Stephanie Joebsch è entrata a far parte di gmp nel 1988, subito dopo la laurea in Architettura conseguita all'Università RWTH di Aquisgrana. Dal 1999 ricopre il ruolo di direttrice all'interno dello studio. Ha maturato un'esperienza pluriennale nell'ambito di importanti progetti in Germania e Italia; è stata responsabile della stazione metropolitana e suburbana di Elbbrücken di Amburgo, della Nuova Fiera e del Palacongressi di Rimini.

STEPHAN SCHÜTZ

Stephan Schütz è entrato in gmp nel 1994 dopo essersi laureato in Architettura all'Università tecnica di Braunschweig, e dal 2006 è partner esecutivo. Schütz conduce regolarmente workshop presso l'Academy for Architectural Culture (aac), di cui è stato co-iniziatore. Tra i suoi progetti più importanti figurano il Tempodrom di Berlino, i Grandi Teatri di Qingdao e Tianjin, la riconversione del Museo Nazionale Cinese di Pechino, il Centro Sportivo Universiade di Shenzhen, la riconversione del Kulturpalast di Dresda e la Isarphilharmonie Gasteig HP8 di Monaco.

HUBERT NIENHOFF

Dopo essersi laureato all'Università RWTH di Aquisgrana, Hubert Nienhoff è stato assistente presso la cattedra di Urbanistica e Lavori dal 1988 al 1991 ed è entrato a far parte di gmp nel 1988, dove è partner esecutivo dal 1993. Tra i progetti di cui è stato responsabile figurano la Nuova Fiera di Lipsia, la riconversione dello Stadio Olimpico di Berlino, gli stadi per i campionati mondiali di calcio in Sudafrica e Brasile, la conversione dell'Estadio Santiago Bernabeú di Madrid e la copertura dell'Arena di Verona.

ROBERT FRIEDRICHS

Robert Friedrichs ha studiato Architettura e Pianificazione territoriale a Venezia, Zurigo e Braunschweig. Nel 2001 è entrato a far parte di gmp, dove dal 2015 ricopre il ruolo di direttore. Tra i progetti di Friedrichs figurano l'Ospedale Borgo Trento di Verona, il Tecnopolo di Bologna e i progetti fieristici di Verona e Vicenza.

ALESSIA SPEZZANO

Alessia Spezzano ha studiato Architettura al Politecnico di Torino; nel 2007 si è trasferita ad Amburgo dall'Italia ed è entrata a far parte di gmp. In veste di Chief Architect, ha guidato, tra gli altri, i progetti del Tecnopolo di Bologna e dell'ampliamento della Fiera di Vicenza.

EDUARD MIJIC

Eduard Mijic ha studiato Architettura presso l'Università tecnica di Darmstadt, ha lavorato, tra gli altri, per Behnisch Architekten e Kister Scheithauer Gross e ha ricevuto una borsa di studio per il Renzo Piano Building Workshop di Genova. Dal 2000 Mijic ha lavorato per gmp alla realizzazione di diversi progetti in Italia, tra cui la Nuova Fiera di Rimini, l'aeroporto Raffaello Sanzio di Ancona e il Palacongressi di Rimini. Nel 2008 ha fondato lo studio di architettura mijic architects, con sede a Rimini e una filiale a Belgrado.

MARC ZIEMONS

Dopo aver studiato all'Università di Adelaide e all'Università RWTH di Aquisgrana, Marc Ziemons è entrato in gmp ad Amburgo nel 1992, dove è partner dal 2021. Tra i progetti di cui è stato responsabile figurano la ristrutturazione e l'ampliamento della piscina Alster di Amburgo, l'Audi Design Center di Ingolstadt e l'aeroporto Raffaello Sanzio di Ancona.

MARTIN GLASS

Martin Glass è entrato in gmp nel 1999, dove è stato responsabile di un gran numero di progetti complessi in qualità di direttore e specialista di strutture di trasporto e stadi. Come responsabile dell'ufficio progetti in Brasile, ha guidato i progetti degli stadi per la Coppa del Mondo del 2014 e per i Giochi Olimpici del 2016. Tra gli altri progetti da lui guidati figurano la conversione dell'Estadio Santiago Bernabeú di Madrid e la copertura dell'Arena di Verona.

CREDITS

Archivio Comune di Verona 187
Artokoloro/Alamy Stock Photo 076
Barbara Rossi 177, 179, 180
Busam Richter 002
Comune di Bologna 166
© DI Cristian Ferraro, 2020 144, 149, 150
E. Pedrotti-Bolzano, Ufficio Film e Media, Provincia autonoma di Bolzano-Alto Adige 137
Fabrizio Petrangeli 123
Federico Covre 048–051, 165; pp. 66/67
Francesco Castagna 047, 052–055, 058–060, 063, 065, 066, 068
Fritz Seitz: San Francesco in Rimini (San Francesco a Rimini), Zeitschrift für Bauwesen XLIII/1, 1893, 1–10. 006
Gärtner & Christ 016, 021, 022, 045, 046, 070, 096, 097, 099, 128, 129, 155, 169
gmp 003, 012–015, 017–019, 027–031, 040, 041, 043, 044, 056, 057, 061, 062, 067, 069, 086–090, 103, 110, 113, 114, 121, 122, 124–127, 131–133, 142, 143, 156–163, 170, 172–176, 181–183, 196
gmp/a-promise 191, 192
gmp/a-promise/sbp 197–205, 207
Heiner Leiska 037, 038, 071, 072, 079, 095, 098, 100, 130, 194, 195
Jörg Hempel 153, 154
Klaus Frahm 001, 004, 008–010, 023–026, 032, 034, 035; pp. 18/19
Knut Stockhusen/sbp 206
Luca Bertacchi 164
Marco Taliani de Marchio/Alamy Foto Stock 005
Marcus Bredt 042, 075, 080–084, 091, 092, 101, 106–109, 111, 112, 116–120, 134, 138–141, 145–148, 151, 152, 167, 168, 171, 178, 184, 185, 190, 192, 193, 208; pp. 100/101, 134/135, 172/173, 206/207, 236/237
Milan Ingegneria S.p.A. 020
New Hospital, Verona, Italy: the Facade. Engraving. Wellcome Collection. Public Domain Mark 077
Prisma Archivo 007
Peter Wels 036, 039, 093
Rimini, Anfiteatro Romano, ca. 2000, foto: Raggi/Liuzzi (© Archivio Fotografico della Provincia di Rimini) 115
Rimini Fiera, Rimini; pubblicato in: La Nuova Fiera di Rimini / The New Rimini Trade Fair, Milano 2002, p. 110 011
Rimini, Grand Hotel, postcard, collotype technique, sent on 1 March 1917 (Fausto Mauri Collection, © Photographic Archive, Gambalunga Library, Rimini) 102
Roto Foto (notizie 1948), fotografo principale 064
Sergio Perdomi 136
Siren-Com 135
Tilmann Fulda 094
Werner Ehls Fotografie, Duisburg 104
Warner Bros. Inc. 105
5più1AA (Genova) 073, 074

Nonostante l'impegno profuso, non è stato possibile identificare gli autori di alcune immagini. Tuttavia, i diritti d'autore rimangono protetti. Vi chiediamo gentilmente di inviarci informazioni a riguardo.

A CURA DI
Sebastian Redecke
Volkwin Marg

COORDINAMENTO
Julia Ackermann
Berit Liedtke

PROGETTO E REDAZIONE
Julia Ackermann
Detlef Jessen-Klingenberg

REDAZIONE FOTOGRAFICA
Julia Ackermann
Sezen Marie Dursun

TRADUZIONE
George Frazzica
Sofia Valente

REDAZIONE
Sofia Valente

REVISIONE
Anna Banfi

IDEAZIONE E IMPOSTAZIONE
Büro Otto Sauhaus, Berlino
(Sarah Lamparter, Nastia Protsenko)
con Janis Gildein

RILETTURA TESTI
Claudia Savoiardo

LITOGRAFIA
DZA Druckerei zu Altenburg GmbH

STAMPA E RILEGATURA
DZA Druckerei zu Altenburg GmbH

CARTA
Symbol Freelife E
E33 Raster, Fedrigoni

FONT
Suisse Works
Acumin Pro

Questo libro è disponibile
anche in tedesco
(ISBN 978-3-03860-325-2).

© 2023 gmp · Architekten von Gerkan, Marg und Partner e Park Books AG, Zurigo
© per i testi: le autrici e gli autori

Park Books, Niederdorfstr. 54, 8001 Zurigo, Svizzera   www.park-books.com
Park Books è supportato dall'Ufficio Federale della Cultura
con un contributo strutturale per gli anni 2021–2024.

Tutti i diritti riservati; nessuna parte di quest'opera può essere riprodotta
o rielaborata, duplicata o distribuita mediante sistemi elettronici senza
la previa autorizzazione scritta dell'editore.

ISBN 978-3-03860-326-9